Orbis

In der Reihe »Sternzeichen der Liebe« von Linda Goodman
sind folgende zwölf Einzelbände lieferbar:

Widder (01070)
Stier (01071)
Zwillinge (01072)
Krebs (01073)
Löwe (01074)
Jungfrau (01075)
Waage (01076)
Skorpion (01077)
Schütze (01078)
Steinbock (01079)
Wassermann (01080)
Fische (01081)

Linda Goodman

Sternzeichen der Liebe

Der Widder

Seine Liebe – Seine Partner

21. März – 20. April

Orbis Verlag

Originaltitel: Linda Goodman's Love Signs
Übertragen aus dem Amerikanischen vom Editorenteam
Burkhardt Kiegeland GmbH, München, und von Dr. Helga Zoglmann, Wien

Für die Grenzfälle, bei denen die angegebenen Daten
für ein Tierkreiszeichen von den gewohnten abweichen,
verweisen wir auf die Erläuterungen des Kapitels
»Ihr Sonnenzeichen«, Seite 34 ff.

Genehmigte Sonderausgabe 1999
Orbis Verlag für Publizistik, München
in der Verlagsgruppe Bertelsmann GmbH

Umschlaggestaltung: Sabine Hüesker, München
Druck und Bindung: Elsnerdruck, Berlin
Made in Germany
ISBN 3-572-01070-5

Inhalt

Vorwort

Es gibt wohl kaum ein geselliges Beisammensein, bei dem nicht unweigerlich eine Frage wie diese auftaucht: »Wie vertragen sich Schütze und Fisch?« In Radio, Fernsehen und Zeitungsinterviews sind Astrologen immer wieder mit Fragen konfrontiert wie: »Mein Mann ist ein Löwe, und ich bin ein Wassermann. Ist dies der Grund, warum wir uns so oft streiten?« – oder »Welches Sternzeichen sollte ein Zwilling heiraten?«

Jedermann möchte die Grundregeln für das Harmonieren der Sonnenzeichen kennen, und es ist durchaus die Zeit und Mühe wert, zwei Horoskope auf ihre Verträglichkeit hin zu vergleichen. Entdeckt man eine im Trigon*, Sextil oder in Konjunktion stehende Beziehung zwischen den Sonnenzeichen eines Paares, eine im Trigon, Sextil oder in Konjunktion stehende Beziehung zwischen den Sonnen- und Mondzeichen (die Zeichen, durch die Sonne und Mond zur Zeit der Geburt zogen) der beiden, kommt dann noch eine positive Wechselwirkung der Aszendenten-Zeichen mit den Planeten hinzu, so gewinnt Liebe an Tiefe. Jede Liebe ist fähig, Wünsche in Realität zu verwandeln, aber die Liebe zwischen zwei Menschen, deren persönliche Auren so harmonisch verbunden sind, schafft jenen emotionalen Gleichklang, den die Dichter besingen.

Denkt man an die Millionen Paare auf der Welt, die versuchen, gemeinsam Erfüllung und Zufriedenheit zu finden (oder schon gefunden haben), an jene, die einander schwerste Prüfungen auferlegen, so verwundert es nicht, daß diese vollkommen

* Alle astrologischen Begriffe werden in einem alphabetischen Verzeichnis auf Seite 174 erläutert.

miteinander harmonierenden Menschen esoterisch als »Seelen-Partner« oder »Zwillingsseelen« bezeichnet werden.

Es geschieht oft, daß ein Mann und eine Frau schon beim ersten Zusammentreffen in den Augen des Gegenüber die andere Hälfte ihres Selbst erkennen. Die Augen werden zu Recht »die Fenster der Seele« genannt. Sogar die Stimme ist dem Ohr des anderen vertraut, wie der Klang einer unvergeßlichen Melodie. Beinahe im ersten Augenblick des Zusammentreffens, wenn sich beide das erste Mal ansehen, fliegen ihre Seelen in freudigem Erkennen aufeinander zu, – Konvention und Sitte, alle gesellschaftlichen Verhaltensregeln mißachtend, getrieben von einem höheren Wissen, das sich nicht unterdrücken läßt. Auf unerklärliche Weise, oft ohne auch nur ein Wort darüber zu verlieren, wissen sie, daß sie nur durch den anderen hoffen können, Ganzheit zu finden – nur wenn sie zusammen sind, können sie beide in jeder Hinsicht vollkommen werden.

Ein Mann und eine Frau, die Seelen-Partner sind, brauchen die Worte »Ich liebe Dich« nicht auszusprechen, da sie ganz sicher wissen, daß sie für alle Ewigkeit zueinander gehören. Die Worte der Hochzeitszeremonie: »Was Gott zusammengefügt hat, das soll der Mensch nicht scheiden«, beziehen sich darauf. Doch ist diese Warnung nicht nötig, sondern nur ein symbolisches Ritual, da kein Mensch die Zwillingsseelen trennen kann, nicht einmal die Betroffenen selbst. Noch kann es irgendeine Energie des Universums. Die Kraft, die sie aneinander bindet, ist allmächtig und unzerstörbar. Die Bindung kann vielleicht geschwächt, die endgültige Vereinigung aufgeschoben werden, aber eine Trennung für immer wird es nie geben.

Diese Art spontaner Zuneigung wird oft »Liebe auf den ersten Blick« genannt; sie ist keine Laune des Schicksals, sondern sehr real. Es ist mehr als nur ein seltsamer Zufall, daß Zwillingsseelen in dieser großen, weiten Welt irgendwann zusammenfinden. Daß sich ihre Wege kreuzen, wurde auf einer höheren Stufe des Bewußtseins vorausbestimmt. Es sind gewisse geistige Energien am Werk, die ihr Treffen herbeiführen, so sicher wie der Wandertrieb der Vögel und das Wiederkehren der Kometen von einem ähnlichen universalen Gesetz regiert werden. Ihre Begegnung wird durch das Karma bestimmt, das nichts anderes ist als die Gesamtsumme aller Ursachen, die in der Vergangenheit in Bewegung gesetzt wurden – und diese bestimmen die Gegenwart.

Die Frage, welche besonderen Planeten-Einflüsse in der Nativität (Horoskop und Geburtsgraphik) zweier Menschen dem Astrologen zeigen, daß es sich um Zwillingsseelen handelt, ist zu kompliziert, als daß sie in diesem Buch in allen Einzelheiten erklärt werden kann. Wenn wir annehmen, daß solche Planeten-Einflüsse in den jeweiligen Horoskopen von Liebenden gegenwärtig sind, werden uns die Horoskope enthüllen, daß die beiden unweigerlich zueinanderfinden werden.

Während der ermüdenden Suche nach der Zwillingsseele wird es viele Fehlschläge geben, viele Beziehungen, die zuerst echt scheinen, dann aber zu Desinteresse und Langeweile verblassen. Sogar dann, wenn der Seelen-Partner schließlich entdeckt ist, kann es noch zu Komplikationen und quälender Ungewißheit kommen, was wiederum zeitweise seelischen Schmerz verursacht. Nur in fortwährender und beständiger Ausübung von Toleranz und Vergebung kann dieser Schmerz gelindert werden. Wer Leid zufügt, um sich für erlittenes Leid zu rächen, wird in der Zukunft durch das Wirken des Karmas nur neues Leid erfahren.

Manchmal erscheinen die Probleme zweier Menschen, die einander lieben, riesengroß, erscheint die Wand, die sie voneinander trennt, unüberwindlich. Doch ihre Probleme können gelöst werden durch die Liebe, die geheimnisvolle Macht, die allen eigen ist, die lieben, ohne daß sie sich dessen bewußt werden. Mag das zugefügte Leid auch noch so groß gewesen sein, die Liebe wird alles auslöschen, als wäre nichts geschehen. Dies tritt jedoch nicht ohne den Wunsch und die Anstrengungen dessen ein, der den Schmerz verursacht hat – und nicht ohne das Vergeben von seiten desjenigen, der so tief verletzt wurde. Wunsch, Anstrengung und Vergeben – diese drei zusammen sind nötig, um Kraft und Macht der Liebe freizusetzen.

Diejenigen, die wirklich lieben und innig mit der anderen Hälfte ihres Selbst verbunden sind, haben nicht den Wunsch, Kriege zu beginnen oder andere zu beherrschen. Wie die alles überwindende Liebe von Romeo und Julia sogar noch im Tod die Macht hatte, die Feindschaft zu beenden und die miteinander im Streit liegenden Capulets und Montagues zu versöhnen, so soll auch die ekstatische Verbindung von allen liebenden Zwillingsseelen die gleiche Kraft haben, die Menschheit zu vereinen, allen Erdenbürgern dauerhaften Frieden und Wohlergehen zu bescheren.

Leider wird heutzutage Liebe viel zu oft mit ausschweifender Sexualität gleichgesetzt.

Sex ist keine »Sünde«, nur der Mißbrauch seiner Energien ist eine Versündigung gegen das eigene Selbst. Sexuelle Vereinigung ist die Ekstase der »Tiefe«, die von denen entdeckt wird, die lieben. Es ist einfach eine Frage der Prioritäten. Zuerst verliebt man sich mit den Augen, dann mit dem Verstand, danach mit dem Herzen (Emotionen). Und von da an teilt die Seele diese Erfahrung – ob man es merkt oder nicht, man hat sich geistig »verliebt« –, und es ist an der Zeit, daß man sich mit dem Körper verliebt.

Es wird nicht gutgehen, wenn es in umgekehrter Reihenfolge geschieht; denn nur die Augen wissen, wie sie einen zu dem Geist des anderen führen, auf den man blickt. Nur der Verstand weiß, in das Herz des anderen zu leiten, mit dem man eine geistige Verwandtschaft gefunden hat. Nur das Herz kann einen zur Einheit mit der Seele dessen bringen, den man liebt. Und nur die Seele kann in die Ekstase der sexuellen Vereinigung führen, um »ein Körper« zu werden.

Aber wenn Sie mit dem Körper beginnen . . . Der Körper weiß nicht, wohin er Sie führen kann, außer in noch größere fleischliche Lust, die in sich selbst nicht die Kraft hat, die Sehnsucht der Liebe zu erfüllen oder den tieferen Hunger der Liebe zu stillen – eine Lust, die, nach bestimmten physiologischen Gesetzen, schließlich nur dazu führt, daß man immun gegen Sinnesempfindungen wird, immer mehr Stimulierung braucht – bis am Ende, wie bei Drogen, sogar dafür die Toleranzgrenze erreicht wird und man zu gar keinen Gefühlen mehr fähig ist. Benutzt man den Körper nur als Instrument für Sex allein, ohne Liebe, ist es so, als höre man eine Sinfonie in Stereo, aber mit nur einem Lautsprecher.

Es gibt keinen Traum, der nicht Realität werden, kein Gesetz, das man nicht ändern, keine Situation, die man nicht auf den Kopf stellen könnte – wäre man nur imstande zu lieben. Genug lieben ist nicht einfach. Genug lieben heißt nicht, nur diejenigen lieben, die einen selbst lieben, die freundlich, rücksichtsvoll und großzügig sind. Genug lieben heißt auch diejenigen lieben, die einem Böses nachsagen, die einen hassen, und die diesen Haß auch deutlich ausdrücken, denen es offensichtlich an jeglichem Mitgefühl und jeglicher Empfindsamkeit mangelt. Jedermann kann Liebe denen geben, die ihn selbst lieben. Doch diese Art Liebe vermag keine Berge zu versetzen; auf sie sollte man nicht stolz sein. Wir sind auf Erden, um die tiefere und schwierigere Lektion der Liebe zu lernen, daß man die Ungeliebten lieben muß. In dieser Leistung liegt all die Kraft und Energie für wahre Leidenschaft.

In astrologischen Begriffen ausgedrückt, ist es für Löwen und Widder, für Stier und Steinbock keine große Mühe, sich zu lieben. Will ein Widder jedoch mit einem Krebs, ein Löwe mit einem Skorpion, ein Stier mit einem Wassermann Harmonie erreichen, so erfordert dies jene tiefere Liebe.

Dieses Buch unternimmt den Versuch, diejenigen zu leiten, die das Glück haben, mit Menschen aus verträglichen Sonnenzeichen vereint zu sein – aber auch jenen den Weg zu Toleranz und Harmonie zu zeigen, deren Schicksal es ist, mit Menschen entgegengesetzter Sonnenzeichen zusammenzuleben.

Sogar bei zwei Menschen, deren Sonnen- und Mondzeichen harmonisch stehen, gibt es immer wieder einige Planeten in den Geburtshoroskopen, die nicht harmonieren und dadurch Reibungen und Spannungen verursachen.

Wer von uns ist nicht bisweilen wenig liebenswürdig? Sind wir es nicht sogar meist dann, wenn wir uns im geheimen nach Liebe sehnen und der Liebe am meisten bedürfen? Wie schön ist es dann, wenn uns jemand Zuneigung schenkt, zu dem wir unfreundlich waren . . . Wenn wir uns entschuldigen wollen und darauf zu hören bekommen, man habe uns längst verziehen.

Harmonie ist so einfach zu erreichen – nämlich mit alles verzeihender Liebe!

Die zwölf Grunderfahrungen in der Liebe

Auf jeder der folgenden Erfahrungsstufen ist jeder Mensch in der Lage, anderen die erstgenannte Eigenschaft zu geben und zu *lehren*, während es ihn viel Mühe kostet, die an zweiter Stelle genannte Eigenschaft zu *lernen*. Die Seele muß diese ersten sechs Grunderfahrungen mehrmals durchlaufen:

Widder das Neugeborene	»ich bin«	*lehren*, daß Liebe Unschuld bedeutet, und *lernen*, daß Liebe Vertrauen ist
Stier das Baby	»ich habe«	*lehren*, daß Liebe Geduld bedeutet, und *lernen*, daß Liebe Vergeben ist
Zwillinge das Kind	»ich denke«	*lehren*, daß Liebe Bewußtsein bedeutet, und *lernen*, daß Liebe Gefühl ist
Krebs das Kind in der Pubertät	»ich fühle«	*lehren*, daß Liebe Verehrung bedeutet, und *lernen*, daß Liebe Freiheit ist
Löwe der Teenager	»ich will«	*lehren*, daß Liebe Ekstase bedeutet, und *lernen*, daß Liebe Bescheidenheit ist
Jungfrau der Erwachsene	»ich analysiere«	*lehren*, daß Liebe Reinheit bedeutet, und *lernen*, daß Liebe Erfüllung ist

Hat der Mensch beim Durchlaufen dieser ersten sechs Entwicklungsstufen emotionale Reife erlangt, muß er mehrmals die zweiten sechs Grunderfahrungen machen, um die tiefere geistige Bedeutung der Liebe zu erkennen:

Waage Ehe	»ich gleiche aus«	*lehren,* daß Liebe Schönheit ist, und *lernen,* daß Liebe Harmonie ist
Skorpion Sex	»ich verlange«	*lehren,* daß Liebe Leidenschaft ist, und *lernen,* daß Liebe Verzicht ist
Schütze Wissen	»ich sehe«	*lehren,* daß Liebe Ehrlichkeit ist, und *lernen,* daß Liebe Treue ist
Steinbock Erfahrung	»ich benütze«	*lehren,* daß Liebe Weisheit ist, und *lernen,* daß Liebe selbstlos ist
Wassermann Idealismus	»ich weiß«	*lehren,* daß Liebe Toleranz ist, und *lernen,* daß Liebe Einheit ist
Fische Unterwerfung	»ich glaube«	*lehren,* daß Liebe Mitgefühl ist, und *lernen,* daß Liebe alles ist

Um so schließlich zu verstehen: Liebe ist ewig.

Da der Mensch Eigenschaften von anderen Sonnenzeichen in seine eigene Persönlichkeit aufnimmt – einige lehrt, andere dafür lernt –, hat er die geistige Verpflichtung, die positive Integrität seines eigenen Sonnenzeichens zu bewahren und auch dieses Recht bei anderen zu respektieren. Der Löwe braucht seine Würde, der Krebs muß sich an Sicherheit klammern. Der Steinbock verehrt Tradition, und der Zwilling braucht seine Freiheit. Jeder muß das Motto des Wassermann-Zeitalters »leben und leben lassen« befolgen, jeder muß er selbst sein und erkennen, daß die anderen auch sie selbst sein müssen. Der erste Schritt zur Erkenntnis der elementarsten Bedeutung der Liebe ist zu lernen, die Sonnenzeichen-Eigenschaften, die sich von Ihren eigenen unterscheiden, zu tolerieren und nicht zu verurteilen.

Die zwölf Geheimnisse der Liebe

Liebe ist das tiefste Verlangen von Mann und Frau. Es ist nicht die Bedrohung durch Krankheit und Armut, die den menschlichen Geist zerstört, sondern die Angst, daß niemand da ist, der sich wirklich sorgt – niemand, der wirklich versteht. Wir suchen alle nach Liebe, wie gesund, wohlhabend oder weise wir auch sein mögen, da die Alternative dazu nur Einsamkeit ist. Warum ist andauernde, gemeinsame Liebe so schwer faßbar? Um eine vollkommene und ständige Vereinigung mit der anderen Hälfte (der Zwillingsseele) zu erreichen, müssen Mann und Frau die Lektionen der zwölf Sonnenzeichen lernen. Sie müssen die Weisheit der zwölf Geheimnisse der Liebe beherrschen, bevor sie eine vollkommene Harmonie erreichen. In unserer Sehnsucht nach Liebe liegt unsere verborgene metaphysische Weisheit, das Geheimnis des Lebens selbst.

Jedes Sonnenzeichen enthält eine Kraft, die sich in Schwäche kehren und eine Schwäche, die in Kraft umgewandelt werden kann, durch das Gesetz der positiv-negativen Polarität. Was ist die Sturheit des Stiers schon anderes als umgekehrte Geduld? Ist die Impulsivität des Widders nicht die negative Seite des positiven Mars-Muts des Widders? Wird der Löwe den großen Stolz und die Vornehmheit des Löwe-Sonnen-Geburtsrechts für den positiven Zweck nutzen, die Hilflosen zu beschützen, oder für den negativen Zweck, ein arroganter Tyrann über die Wehrlosen zu sein? Wird die vernünftige Krebs-Vorsicht in Ängste und Phobien ausarten? Werden das Mitgefühl und die Bescheidenheit des Fisches sich in die negativen Neptun-Aspekte, Enttäuschung, Introversion und Weltflucht verwandeln? Die Wahl unserer Sonnenzeichen-Polaritäten liegt nur an uns.

Das Liebesgeheimnis des Widders

Die Widder-Seele, symbolisch neugeboren, steht in Bezug zu Dämmerung, Sonnenaufgang, Frühling und Ostern – oder zur Wiederauferstehung vom »Tod« im vorhergehenden Zeichen Fische.

Wie ein menschlicher Säugling, der vollkommen in sich selbst vertieft ist, entdeckt die Widder-Seele mit größter Freude ihre eigenen Finger und Zehen – ihr eigenes physisches Wesen. Um alle Wünsche zufriedenzustellen, ist nur ein einzelner, lauter Schrei nötig, der von den Älteren umgehend gehört und beantwortet wird. Der Säugling bezweifelt oder fürchtet nichts und niemand, aus dem einfachen Grund, weil ihm noch nie etwas verweigert wurde. So besitzt auch die »Säuglings«-Seele des Widders ein natürliches Vertrauen und einen unerschütterlichen Glauben in die unsichtbaren Kräfte der Güte, die ihm auf geheimnisvolle Weise alle seine Wünsche erfüllen werden.

Auf der Erde ist diese wohltätige Macht durch die Eltern repräsentiert, die zärtlich auf ihren Säugling sehen und ihn vor seiner eigenen Naivität schützen, indem sie ihm weise einige seiner Wünsche verweigern, die er in dem erregten Bewußtsein äußert, daß er ist – daß er geboren wurde, daß er anwesend ist. Die Seele des Widders fühlt: »Ich bin« oder »Ich existiere«. Und wie der symbolische Säugling sind Widder-Mann und -Frau auch blind gegenüber möglichen Unfällen, Schmerzen und Grausamkeiten auf dem Lebenspfad. Er oder sie lernt diese Erfahrungen durch diejenigen kennen, die bereits weiter fortgeschritten sind im Entwicklungsprozeß und eine gewisse Härte, Argwohn und den Überlebensinstinkt erworben haben.

Der Widder-»Säugling« muß wie der wirkliche Säugling die schmerzliche Erfahrung enttäuschten Vertrauens machen. Mangelt es ihm, dem Neugeborenen, an freundlicher Zuwendung und Mitgefühl, fühlt es sich verlassen, ist es schockiert, verängstigt – und schreit dann um so mehr nach Zuwendung. Auf gleiche Art (und aus den gleichen Gründen) braucht und sucht die Seele der desillusionierten Widder-Männer und -Frauen Anerkennung, fordert dabei aber bisweilen Ablehnung heraus als heftige, gefühlsmäßige Reaktion auf Vernachlässigung.

Die positiven Eigenschaften des Widders sind herzbewegende Unschuld und Staunen, blindes Vertrauen und Mut. In negativer Form können sie zu selbstsüchtigem Egoismus, Gedankenlosigkeit, Aggressivität und impulsivem Handeln, ohne Rücksicht auf Konsequenzen, führen.

Für die Seele des Widders ist die Liebe eine Notwendigkeit des Lebens, die als selbstverständlich hingenommen wird. Daher wird Liebe instinktiv erwartet und freudig akzeptiert, doch mit wenig Verständnis dafür, wie man sie zurückgibt. Der Widder verlangt nach Liebe, da er, wie ein Kind, ohne Liebe sterben würde. Wenn emotionelle Verlassenheit (symbolisch) den Tod bedeuten kann, so kann beim Widder schon das leiseste Gefühl von Verlassenheit zu einer ungerechtfertigten Panikreaktion führen, die man nur durch wiederholte Beweise von Zuneigung abschwächen kann. Der Widder muß unaufhörlich daran erinnert werden, daß, »wenn der Winter kommt« . . . der Zauber des Frühlings nicht weit sein kann.

Das Liebesgeheimnis des Stiers

Die Stier-Seele ist symbolisch ein gesundes, pausbäckiges Baby, das gelernt hat, zu gewohnten Stunden zu schlafen.

Es schreit jetzt nicht mehr ohne Grund aus Furcht oder Einsamkeit. Auch macht es sich nicht mehr so lautstark mit seinen Wünschen bemerkbar wie das Widder-»Neugeborene«. Es hat entdeckt, daß sein Verlangen von seinen Eltern gestillt wird. Wie das menschliche Baby ist die Seele im Stier-Stadium damit zufrieden, ruhig und geduldig in seinem Kinderstuhl zu sitzen und auf sein tägliches Brot mit stiller, vertrauender und sicherer Erwartung zu harren.

Auch hat der Stier gelernt, wie man durch gutes Benehmen mehr Vergnügen, mehr Gefälligkeiten von den »Eltern« oder anderen Erwachsenen erschmeichelt. Lächeln und Gehorsam werden belohnt, und der Stier vergißt nicht, was er einmal gelernt hat, wie schmerzhaft und langwierig es auch war. Da er im wesentlichen noch nichts von alledem, was außerhalb seiner unmittelbaren Umgebung geschieht, aufnehmen kann, findet der Stier-Mann oder die Stier-Frau (ebenso wie das symbolische Baby) das Glück eher im Familienkreis und im Greifbaren – in dem, was vertraut ist – als in der seltsamen und lärmenden Welt da draußen.

Das Stier-»Baby« entdeckt die Freude, die Sinne des Geschmacks, des Sehens, Hörens, Riechens und Berührung zu benutzen.

Weil Besitz Glück bringt, ergreift ihn der Stier, liebkost ihn, findet daran Gefallen, ihn sein eigen zu nennen. Der Stier sagt: »Ich habe«. Der Stier ist stark vom körperlichen Kontakt mit geliebten Personen abhängig. Der von Venus beherrschte Stier versteht Zuneigung nur, wenn er fühlen kann, daß sie existiert. Das Baby ergreift Besitz von seinen Spielsachen und von der Aufmerksamkeit der Eltern, grämt sich über jeden materiellen und ideellen Verlust, weigert sich stur, etwas von seinem Besitz an andere abzugeben. Genauso verhält sich der männliche oder weibliche Stier auch hinsichtlich des Bankkontos und Lebenspartners.

Die positiven Eigenschaften des Stiers sind Willensstärke, Geduld, Standhaftigkeit und Überzeugung. In negativer Form drückt sich dies in Eigensinn, blinder Voreingenommenheit und Unvernunft aus.

Dem fröhlichen Baby, symbolisch für die Stier-Seele, bedeutet Liebe physische Zuneigung. Da das Baby Liebe mit Vergnügen und Glück assoziiert, sonnt auch der Stier sich in ihr mit unkomplizierter Wertschätzung. Aus diesem Grund akzeptiert und gibt der Stier die Liebe mit den Sinnen –, aber er muß erst lernen, ihren wahren Wert und ihre wahre Bedeutung zu verstehen.

Das Liebesgeheimnis der Zwillinge

Der Zwilling befindet sich symbolisch in der Welt des Kleinkinds. Wie dieses wird er sich seiner eigenen Mentalität bewußt, wird sich darüber klar, daß er nicht allein im Universum ist. Die Kinder-Seele des Zwillings lernt sich mitzuteilen, indem sie spricht, Worte formt und sie aneinanderreiht, während Eltern und andere aufmerksam zuhören und sich an jedem neuen Laut erfreuen. Sprechen macht Spaß, da man dadurch alle Aufmerksamkeit auf sich zieht. Auch kann er zur Plätzchen-Dose kriechen, krabbeln oder gehen und sich selbst bedienen, ohne daß er wie der Widder schreien oder wie der Stier warten muß, und diese Erfahrung ist berauschend. Der Zwilling ist erregt von dem Wissen, daß er zupacken kann – »Ich denke« ruft er der Welt in großer Erregung zu.

Das symbolische Kind-Stadium des Bewußtseins lehrt die Zwillings-Seele, daß es zwei Seiten des Charakters gibt – eine Zweiheit oder Polarität, die in Einklang gebracht werden muß, bevor man erfolgreich mit anderen umgehen kann. Da der Zwilling sich plötzlich nach Vergnügungen außerhalb des Hauses und der Familie sehnt, lädt die Welt die Zwillings-Männer und -Frauen ein, sie zu erforschen. Mit der geistigen Fähigkeit, zu urteilen und zu folgern – Bezüge herzustellen –, beginnt der Zwilling, sich nach Dingen jenseits dessen, was er bis jetzt gesehen hat, zu sehnen und davon zu träumen.

Zur Hälfte ist die Zwillings-Seele noch ein unsicheres Baby, das das Vertraute braucht. Zur Hälfte ist sie das sehnsuchtsvolle Kind, neugierig auf die vielen unentdeckten Wunder, gerade außerhalb der unmittelbaren Reichweite. Und so experimentiert diese Doppel-Persönlichkeit mit hellen Augen und hoffnungsvollem Herzen. Jeder neue Tag bringt dem Geist des Zwillings faszinierende Erkenntnisse, vergessen sind die Spielsachen und die beschützende elterliche Zuneigung.

Die positiven Eigenschaften des Zwillings sind Vielseitigkeit, geistige Wachsamkeit, schnelles Wahrnehmungsvermögen, geschicktes Urteilen und Beweglichkeit. In der negativen Form kommt dies zum Ausdruck durch Ruhelosigkeit, Geschwätzigkeit, Oberflächlichkeit, Doppelzüngigkeit, Unzuverlässigkeit und Selbsttäuschung.

Für das Zwillings-»Kind« hat die Liebe etwas von ihrem Zauber verloren. Es braucht sie mehr, als es glaubt, doch gibt es etwas Aufregenderes zu suchen als die Liebe. Es ist die Liebe, die einen hindert wegzulaufen. Liebe ist angenehm, aber sie schränkt auch ein. Zwillings-Männer und -Frauen haben nie aufgehört, sie zu brauchen oder nach ihr zu verlangen, doch wenn sie zu einem Hindernis für die Freiheit wird, werfen sie sie hastig über Bord, vergessen sie die Wärme und Sicherheit, die sie spendet – und machen sich keine Gedanken darüber, daß sie möglicherweise Schiffbruch erleiden und dann den Weg zurück nach Hause nicht mehr finden können.

Das Liebesgeheimnis des Krebses

Die Krebs-Seele ist dem Kind in der Pubertät zu vergleichen, das zwischen Kindheit und Reife schwankt, sich danach sehnt, erwachsen zu werden und doch noch zögert, zur anderen Seite überzuwechseln. Die launische, sensible Seele des pubertären Kindes pendelt zwischen kindlicher Abhängigkeit und der verlockenden Welt des Erwachsenseins hin und her. (Wie ist es wohl, Mann oder Frau zu sein?) In der symbolischen Pubertätsphase beobachtet die Krebsseele die Erwachsenen (Menschen) in der Umgebung, ist ungeheuer aufnahmefähig für alles Gesehene und Gehörte. Doch diese erwachsene, materielle Welt, die sie so intensiv beobachtet, deutet auch auf häufige Desillusionen hin.

Und so sind die Träume des Krebses gestört und lassen ihn in der Nacht weinen; er holt seinen alten Teddybären aus dem Schrank und umarmt ihn, wenn niemand zusieht. Den Krebs verwirren seine wechselhaften Launen selbst ebenso wie seine Familie. Aber seine Ängste sind sehr wirklich für ihn. Er befürchtet, daß Reife für ihn den Verlust an Sicherheit, die er von seiner Familie, besonders aber von seiner Mutter, kennt, bedeutet. Werden Fremde jemals soviel Aufhebens um ihn machen oder ihn so bedingungslos lieben wie seine Mutter? Er beginnt zu argwöhnen, daß sie es nicht tun werden.

Unfähig, diese Befürchtungen zu erklären, wird der Krebs verschwiegen und träumt allein – oder er versteckt sich und schmollt und bildet sich ein, daß niemand ihn versteht. Der Krebs hat schon gelernt, was Verlust bedeutet. Vielleicht sind Freunde aus seinen Kindheitstagen umgezogen, hat die Familie die Wohnung gewechselt, ist die altvertraute Nachbarschaft verlorengegangen. Das Leben ist nicht mehr so aufregend, wenn der Krebs die verborgenen Fallen spürt. Der »pubertäre« Krebs-Mensch weiß, das Erwachsenwerden auch unerwarteten Schmerz bringen wird, also klammert er sich an das, von dem er glaubt, er könne darauf vertrauen – das Gestern.

Da die neuen Wahrnehmungen so deutlich sind, sieht der Krebs im Leben eine Kombination von Tragödie und Komödie. Trotz ihrer angeborenen Schüchternheit wird sich die Krebs-Seele nicht in den Hintergrund drängen lassen, denn unerklärliche Furcht kann in vernünftige Vorsicht umgewandelt werden. Gefühle rühren die Seele des Krebses zu Tränen. Angetrieben von dem Verlangen, wahre Gefühle zu verbergen, sagt er: »Ich fühle« – dann, damit niemand auch nur annimmt, daß er so tiefe Gefühle hat, wird er Witze machen und dabei glauben, die Leute täuschen zu können. Wenn er nicht zärtlich behandelt wird, kann der Krebs-Mann oder die Krebs-Frau eine harte und schützende Schale gegen die grausame Welt entwickeln.

Die positiven Eigenschaften des Krebses sind Phantasie, Zähigkeit, Zärtlichkeit, Sensibilität, Fürsorge und Vorsicht. In der negativen Form kommen sie zum Ausdruck in Geiz, Reizbarkeit, Melancholie, übertriebener Anhänglichkeit und Feigheit, Besitzgier und Launenhaftigkeit.

Für den Krebs, wie auch für das unsichere und sentimentale Kind in der Pubertät ist die Liebe wichtig; er stellt sie über alles. Sie ist gleichbedeutend mit dem Heim, das emotionelle Sicherheit darstellt, und das Verlangen nach Liebe ist so groß, daß er glaubt, es vor anderen verbergen zu müssen.

Das Liebesgeheimnis des Löwen

Die zwischen Kindheit und Erwachsensein schwankende Seele des Krebses, des Kindes in der Pubertät, wird unter dem Einfluß des Löwen plötzlich zum Teenager, der sich seines Selbst bewußt geworden und stolz auf seine Persönlichkeit ist. Der Löwe weiß (oder glaubt zu wissen), wer er ist. Die Welt gehört dem Löwen – oder der Löwin – und so blickt der Löwe »Teenager«

auf sein Bild im Spiegel, bewundert, was er sieht, und macht das feierliche Versprechen: »Ich will.«

Der Idealismus der Jugend bewegt das Herz des Löwen, die erwachende Sexualität versetzt sein Blut in Wallung. Beides sind starke Triebe, die Zweifel an der eigenen Persönlichkeit mit sich bringen, die er aber unter der nach außen zur Schau getragenen Selbstsicherheit verbirgt. Der Löwe weiß sein Selbstvertrauen richtig einzusetzen, gebraucht es, um andere zu belehren, übernimmt die Verantwortung für sein eigenes Leben und herrscht über die, welche den Schutz des Löwen brauchen. Doch sucht der Löwe genau wie der wirkliche Teenager, immer noch Bestätigung in Form von Schmeichelei, kuscht im geheimen, wenn er lächerlich gemacht wird, weil er noch nicht ganz erwachsen ist – trotz aller Selbstsicherheit.

Der Löwe bringt denen mitfühlende Rücksichtnahme entgegen, die verletzbarer sind als er. Obwohl er gelernt hat, seine Feinde zu tolerieren und ihnen zu vergeben, hat er noch nicht gelernt, die Weisheit der Älteren zu respektieren. Wie der wirkliche Teenager glaubt der Löwe, alle Antworten zu kennen, und reagiert ungehalten auf die, die seine neuen, weltlichen Erkenntnisse in Frage stellen. Die Löwen-Seele verehrt die Sonne, da die Sonne ihr Geburtsherrscher ist, die Quelle allen Lebens – und ihrer eigenen Kraft. Der Löwe bewundert und wird bewundert, er liebt und wird geliebt. Wenn das gesellschaftliche Leben beginnt, beginnen auch die Freuden der romantischen Liebe zu keimen . . . und schließlich zu blühen. Die Liebe der Jugendzeit bringt dem Löwen-»Teenager« Begeisterung wie Enttäuschung. Die Macht seiner Männlichkeit (oder Weiblichkeit) gibt dem Löwen das Gefühl von Würde und Wichtigkeit – durch das andere Geschlecht. Die Verantwortung der Reife wird gespürt, aber noch nicht als Last empfunden. Leben ist nur eitel Sonnenschein, die düstere Vergangenheit liegt zurück, das Wunder der Zukunft liegt vor ihm – und die Gegenwart ist eine Zeit für Vergnügen und Entspannung. Der Löwe glaubt, daß die Welt seine neugefundene Weisheit braucht, und er gibt sie mehr als gern.

Die positiven Eigenschaften des Löwen sind Herzenswärme, Großzügigkeit, Edelmut, Treue, Führungskraft und eine besänftigende, liebevolle Zärtlichkeit – das beschützende Charisma des älteren Bruders oder der Schwester, des Stärkeren für den Schwächeren. In der negativen Form drücken sie sich aus in Arroganz, falschem Stolz, Eitelkeit, Tyrannei, Hochmut.

Für den Löwen als symbolischem Teenager bedeutet Liebe romantisches Verliebtsein, das Hohelied der Minne, die Erfüllung aller Ideale und Schönheit. Der Löwe ist »in die Liebe verliebt« und in sich selbst. Der Löwe schenkt großzügig Zuneigung, weil dies ihm die Genugtuung gibt, so königlich großmütig zu sein, und ihm den Dank und Respekt des so Beschenkten einbringt. Er ist entrüstet, wenn die Liebe es verlangt, daß er sich demütigen läßt – da er deren tieferen Sinn und die von ihr geforderte Aufgabe des »Selbst« noch nicht verstehen kann.

Das Liebesgeheimnis der Jungfrau

Die Jungfrau (deren tieferes Selbst von flüchtigen Romanzen der Jugendzeit unberührt geblieben ist) wird daran erinnert, daß Reife auch ernste Pflichten und Verantwortung mit sich bringt. »Ich analysiere« sagt die Jungfrau abwehrend und bemüht sich um Vollkommenheit.

Die Jungfrau-Seele ist wie ein Erwachsener, der von dem Zwang, sich den gesellschaftlichen Regeln und Beschränkungen anpassen zu müssen, frustriert ist, sich ihnen jedoch mit angeborener Höflichkeit unterwirft. Diese Männer und Frauen haben entdeckt, daß sie auch anderen irgendwie dienen müssen, wenn sie ihre eigenen Bedürfnisse befriedigen wollen. Der Einfluß der Jungfrau lehrt sie, daß man arbeiten und Geld verdienen muß – daß man anderen nützlich sein muß –, um Freiheit für das Vergnügen zu bekommen. Uhren und Zeitpläne spielen eine wichtige Rolle. Die erste Arbeit ist enttäuschend. Ideen und Ideale müssen den Anforderungen der Arbeit oder Schule unterworfen werden. Jetzt ist zum Träumen keine Zeit mehr. Die Aufmerksamkeit der Jungfrau konzentriert sich auf schulische Leistungen und versucht, mit dem heftigen Konkurrenzkampf des Geschäftslebens Schritt zu halten. Lernen und Wettbewerb werden lebenswichtig.

Wie auch der tatsächliche junge Erwachsene sieht die Jungfrau-Seele viel, was zu Kritik Anlaß gibt und bedauert den Verlust der kindlichen Unschuld, da sie keine bestimmten Vorstellungen von der Zukunft hat. Ist dort nur noch mehr Arbeit, mehr Studium, mehr Verantwortung? Wenn es so ist, ist das Leben wirklich ernst und muß mit realistischen Augen betrachtet werden, sobald wie möglich. Die Zeit vergeht. Menschliche Fehler und Unzulänglichkeiten nehmen für die Jungfrau übertriebene Wichtigkeit an. Das Herz ist immer noch rein und erfüllt von stiller Hoffnung, doch der Verstand ist unter Kontrolle.

Von der Furcht vor Abhängigkeit wird die Jungfrau in eine wilde Entschlossenheit getrieben, keine Zeit zu verlieren und keiner Pflicht auszuweichen. Das Bewußtsein ist immer wachsam, aufmerksam und sehnt sich danach, besser zu werden. Obwohl ebenfalls von Merkur beherrscht, hat die Jungfrau-Seele gelernt, ihre Lebenskräfte nicht so zu vergeuden wie der Zwilling.

Die positiven Eigenschaften der Jungfrau sind Klarheit der Gedanken, Urteilsvermögen, Höflichkeit, Hilfsbereitschaft, Ehrlichkeit gegen sich selbst und ein Sinn fürs Praktische. In der negativen Form kommen sie zum Ausdruck in Krittelei, Voreingenommenheit, Schüchternheit, Pessimismus, Unterlegenheit und Haarspalterei.

Für die Jungfrau bedeutet Liebe Selbstaufgabe, ein Geheimnis, das sie lieber nicht lösen möchte. Also steckt sie all ihre Energie in die Arbeit . . ., und obwohl diese Menschen zärtliche Verehrung anbieten, schlummert die wahre Bedeutung der Liebe immer noch im Herzen der Jungfrau.

Das Liebesgeheimnis der Waage

Die Waage-Seele ist sich der Licht- und Schattenseiten des Lebens bewußt. Während des Reifeprozesses hat sie erfahren, daß es in der Welt (und in den Menschen) Gut und Böse gibt. Darüber hinaus wird die Waage von der fesselnden Polarität zwischen Mann und Frau verzehrt.

Die Erfahrung hat den Waage-Menschen gelehrt, die Mitmenschen richtig zu beurteilen. Er sieht die Notwendigkeit, mit anderen Menschen in Verbindung treten zu müssen, und ist fähig, mit Logik und Kraft zu führen. Die Waage handelt mit einer gewissen Weisheit. »Ich gleiche alles aus«, sagt die Waage, indem sie sich selbst brüstet, beide Seiten zu sehen. Da es das Bewußtsein der Waage erschüttern würde, unfair zu sein, sind Entscheidungen schwierig und schmerzhaft. Ein Sinn für soziale Gerechtigkeit kommt zum Vorschein, und angesichts von Vorurteilen und Ungerechtigkeit verliert sich die Waage oft in endlosen Diskussionen, indem sie ihre geschärfte Logik anwendet. Jedoch wird diese Einstellung durch ein neues Mittel der Überredungskunst gemäßigt. Die Waage hat die Eigenschaft des Charmes gewonnen und sieht diesen als einen sicheren Weg zum Sieg an, also benützt sie eine sanfte Stimme und ein strahlendes Lächeln, um kunstvoll zu schmeicheln und um ihren Kopf durchzusetzen.

Die Waage fühlt ein wachsendes Bewußtsein für Schönheit und Harmonie – in Musik, Kunst und in der Liebe. Sie spürt ein tiefes und drängendes Verlangen, einen Partner zu finden. Voller Gefühle, jedoch mit Sinn für die Realität, verspürt die Waage-Seele den Wunsch, jemanden an ihrer Seite zu haben – in Liebe und Geschäft –, um ein Gleichgewicht im Leben zu finden und den Wunsch nach Harmonie – beeinflußt von der die Waage beherrschenden Venus – zu befriedigen. Im Luftelement der Waage ist es jedoch nicht leicht, einen Liebespartner zu finden. Während sie die Laster und Tugenden eines möglichen Partners abwägen, sind Waage-Menschen oft von einer schmerzvollen emotionalen Unentschlossenheit. Doch trotz allem setzen dieser Mann oder diese Frau ihre unnachgiebige Suche nach jemandem, mit dem sie Freuden und Leiden des Lebens teilen können, fort. Die so geliebte Herbstzeit wird eines Tages verblassen, der Frühling, an den sich die Waage so gern erinnert, ist längst vergangen, und nur eines weiß sie genau: er – oder sie – darf nicht allein sein, wenn der Winter kommt.

Die positiven Eigenschaften der Waage sind Gerechtigkeit, Intelligenz, Charme, Freundlichkeit und emotionale Ausgeglichenheit. In der negativen Form kommen sie zum Ausdruck in

Trägheit, Zaudern, Unentschlossenheit, Streitlust, Vergnügungssucht und Reizbarkeit.

Für die Waage bedeutet Liebe eine Verbindung von Verstand und Herz – nicht zu leidenschaftlich, nicht zu distanziert – ein goldener Mittelweg, ein ausgewogenes Teilen. Aber diese Seelen sind von der oberflächlichen Schönheit der Liebe zu sehr geblendet, um vollkommen in den tieferen Sinn der Liebe einzudringen. Sie erkennen nur, daß sie lieben. Doch sind sie noch nicht auf die Idee gekommen, sich zu fragen, warum.

Das Liebesgeheimnis des Skorpions

In der Öffentlichkeit ist der Skorpion unerhört fähig, die ihm anvertrauten Pflichten eines Organisators auszuführen. Auf persönlicher Ebene bereitet ihm die Entdeckung Sorge, vor dem tiefen Geheimnis seiner eigenen Existenz zu stehen. Woher kam er? – Wohin geht er? – Warum ist er hier? Der Skorpion muß den Schleier des Lebens lüften, ohne Rücksicht auf den möglicherweise zu zahlenden Preis, um seinen ruhelosen Geist zu besänftigen, der sich von der alleinigen Beschäftigung mit irdischen Dingen gelöst hat. Und so ruft er aus: »Ich verlange!«

Es gibt viel, was die Skorpion-Seele weiß, aber doch mehr, was sie fühlt und was noch nicht bestimmt werden kann. Der Einfluß des Skorpions bringt ein brennendes Verlangen mit sich, in das Unbekannte einzudringen; dieses Verlangen ist so brennend, daß es Verstand und Seele zerstören würde, bekäme er es nicht mit kühler Vernunft in den Griff. Erfahrungen haben den Skorpion vorsichtig gemacht, denen gegenüber seine Meinung kundzutun, die sie auf keinen Fall teilen werden. Jede erlittene Niederlage stärkt im Skorpion die innere Überzeugung, daß die erste Loyalität nur seiner eigenen persönlichen Integrität gelten darf. Der Skorpion spürt, wenn sein Selbst verloren ist, ist alles verloren.

Sex ist etwas, das vom Skorpion erforscht werden muß, mit einer Intensität, die den anderen Sonnenzeichen unbekannt ist. Obwohl der Skorpion der Liebe nur traut, nachdem sie bewiesen hat, daß sie dieses Vertrauen auch wert ist, ist seine Treue, wenn er sich einmal jemandem verschrieben hat, standhaft und ewig. Da er den heftigen Wunsch hat, sich selbst und die, die er liebt, vor Schmerzen zu schützen, sieht er sich gezwungen, die Forderung »Auge um Auge, Zahn um Zahn« zu stellen als Versicherung, daß Verletzungen nicht mehr vorkommen werden. Durch den sanften Einfluß des beherrschenden Planeten Pluto macht die Skorpion-Seele die Erfahrung des Todes, da Freunde und Verwandte sterben, und diese erhöht in ihm nur noch das Verlangen, noch tiefer in das Wissen einzudringen, das im stillen Unterbewußtsein begraben liegt. Während der Geist des Skorpions sich trotz der Schwerkraft wie ein Adler aufwärts schwingt, verstärken sich die weltlichen Verlangen und Leidenschaften und treiben ihn dazu, seinen Wert in Frage zu stellen. Überempfindlich, doch fähig, diese Sensibilität zu kaschieren, lernt der Skorpion die erstaunliche Macht seines eigenen Verstandes kennen und gebraucht ihn im geheimen, aus Furcht, die anderen würden lernen, die gleiche Art der Macht über ihn auszuüben.

Die positiven Eigenschaften des Skorpions sind Treue, Willenskraft, Anziehungskraft, Freundlichkeit, Scharfblick und eine überraschende Selbstkontrolle. In der negativen Form kommen sie zum Ausdruck durch Unbarmherzigkeit, Fanatismus, Rachgier, Sadismus, Argwohn und Selbsthaß.

Für den Skorpion-Menschen bedeutet Liebe eine verzehrende Flamme, die jedes Opfer wert ist – und er muß deren Herausforderung überwinden. Sexuell ungehemmt, doch emotionell furchtsam und vom Verstand her argwöhnisch, strebt er verzweifelt danach, die physischen und geistigen Schwingungen der Liebe zu vereinen in einer eigenartigen Mischung von Erotik und Reinheit. Doch die Befriedigung des Verlangens hinterläßt in der Skorpion-Seele das Sehnen nach etwas, das jenseits liegt.

Das Liebesgeheimnis des Schützen

Im Schützen wird aus Mann und Frau ein skeptischer Philosoph, ein widerwilliger Prophet, der sich über die endgültigen Antworten des Lebensrätsels unschlüssig ist. Also versucht es der Schütze mit eindringlicher Logik und verwirrender Aufrichtigkeit, um seinem Anspruch »Ich sehe« Glaubwürdigkeit zu geben.

Der Schütze spürt den verzehrenden Drang, seinen eigenen Verstand zu erforschen, und versucht, die Geheimnisse des menschlichen Verhaltens in der philosophischen Phase des höheren Lernens zu entwirren. Aber ein Teil seiner Seele ist verärgert über die harten Anforderungen der immer schwierigeren Erziehung und sehnt sich danach, die ihn stark beanspruchende Schule des Lebens zu schwänzen. Er taucht von den Höhen überlegenen Optimismus und blinden Vertrauens in die Tiefe sarkastischen Zynismus. Zuerst leichten Sinns und lustig, dann ernsthaft, ist der Schütze der Zentaur – halb Mensch, halb Pferd – und zielt scharfe Pfeile der Neugier direkt in das Schwarze des gesuchten Wissens. Die Suche des Schützen nach der Wahrheit führt seine Seele durch den Irrgarten der Religionen; er schwankt zwischen überzeugtem Atheismus und religiösem Fanatismus, bis ihm die kirchlichen Dogmen klar werden – und er sie entweder annimmt oder ablehnt, zum Teil oder im Ganzen.

Oft ist der Schütze ausgelassen wie ein Clown, vernachlässigt dabei den Gedanken an die Zukunft sträflich. Zu anderen Zeiten wiederum denkt er auf einem solch hohen geistigen Niveau, daß seine Mitmenschen ihm nicht folgen können.

Die Schütze-Seele hat das symbolische Stadium des Ruhestands erreicht. Von dem beherrschenden Planeten Jupiter getrieben, sehnt sich der Schütze danach zu reisen, sich unter fremden Sonnen zu wärmen, andere Länder, Menschen und Ideen zu sehen und kennenzulernen. Obwohl er sich widerwillig der Notwendigkeit der Arbeit unterwirft, der Pflicht und der Verantwortung, ist er äußerst ungeduldig mit diesen unwillkommenen Einschränkungen der Realisierung seiner Träume.

Um die ständige Ruhelosigkeit seines Geistes zu verbergen, nimmt der Schütze die Pose eines Schauspielers an, die ihm ermöglicht, andere mit einer Mischung von lustigen oder tragischen Späßen zu unterhalten, während es ihm unter seiner Maske möglich ist, die Tiefe seiner Seele auszuloten. In dieser Phase hat der Schütze wenig Zeit für taktvolles Verhalten, da er eilig vorangeht, um die Antworten zu finden, bevor das »Leben« vorbei ist. Der Herbst geht seinem Ende zu, die ersten Windstürme blasen – und das lebhafte Wettergeschehen fordert den Schützen heraus, das Schicksal zu versuchen, um zu beweisen, daß der Mensch stärker als die Natur ist.

Die positiven Eigenschaften des Schützen sind Optimismus, Offenheit, Fröhlichkeit, Logik, Ehrlichkeit, Kühnheit und Enthusiasmus. In negativer Form kommen sie zum Ausdruck durch Rücksichtslosigkeit, emotionelle Verwirrung, Sorglosigkeit, Taktlosigkeit, Heftigkeit und Unbeständigkeit.

Für den Schützen, der symbolisch das Mittelalter der Seele erreicht hat, muß die wahre Liebe jetzt entdeckt werden – oder sie ist für immer verloren. Da der Schütze einen Partner für alle Jahreszeiten sucht, ist er geblendet vom Idealismus und der Herausforderung der Liebe und daher durch ihre Realität schockiert. Seine ängstliche Suche hat ihn noch nicht dorthin geführt, wo sie sich wirklich verbirgt – in seinem eigenen Herzen.

Das Liebesgeheimnis des Steinbocks

Die Steinbock-Seele, die sich ihrer Fähigkeit und ihres Rechts, die Führung zu übernehmen, sicher ist, fühlt nicht das Verlangen, ihre Macht herauszustellen und damit zu protzen – entweder um in der Öffentlichkeit Anerkennung zu erheischen oder an innerer Sicherheit zu gewinnen. Sie hat gelernt, daß der wahre Frieden von innen kommt. Zum Führer bestimmt zu sein, das bedeutet Verantwortung, die so vorsichtig wie möglich zu handhaben ist, und keine besondere Anerkennung für Handlungen, die offensichtlich zur Pflicht eines Führers gehören. Die Verwandten (besonders die Eltern) des Steinbocks erhalten größere Aufmerksamkeit im Guten oder im Bösen, weil das symbolische »Alter« der Seele erreicht ist – und damit auch ein Sinn für die Prioritäten des Lebens; die wichtigste davon ist die Sicherheit zu wissen, wohin man gehört. Die erregenden Liebschaften und die Freiheit der Jugendzeit sind bei weitem nicht so reizvoll für den Steinbock wie die Behaglichkeit und Zufriedenheit mit denen, die sich um ihn sorgen. Der Steinbock ist darauf vorbereitet und auch willens, die unter Schwierigkeiten erworbene Weisheit des Saturn anderen zu vermitteln, jedoch nur, wenn er dazu aufgefordert wird. Da der Steinbock weiß, daß es unvernünftig ist, Menschen zu früh zu reifem Verhalten zu zwingen, lächelt er mit der wohlwollenden Nachsicht eines Großvaters (sein tatsächliches Alter spielt hier keine Rolle) über die Possen der im Herzen Junggebliebenen. Im geheimen sehnt sich der Steinbock danach, seine Pflichten abzuschütteln, doch hat er das Wissen erlangt, daß reiner Idealismus unausführbar ist – und spontaner Enthusiasmus niemals die Erfahrungen ersetzen kann. Sich der Gefahren impulsiven Handelns äußerst bewußt, wurde die Seele konservativer – und die Weigerung des Steinbocks, seine Energie zu verschwenden und sich in Sentimentalität zu verlieren, führt dazu, daß diejenigen, die im Feuer- oder Luftelement geboren sind, ihn der Gefühlskälte beschuldigen. Steinböcke respektieren Autorität, weil sie das Gesetz als eine Notwendigkeit für den Schutz der Menschenrechte und der Sicherheit ansehen. Voller Ehrfucht verehren sie die Berühmten und Erfolgreichen, da sie ihr Geburtsherrscher Saturn gelehrt hat, große Leistungen gebührend zu würdigen und sie den Preis dafür genau kennen.

Trotz der, für leichtlebigere Zeitgenossen zu ernsten und unbeugsamen, äußerlichen Erscheinung des Steinbocks, hat das Leben ihn auch die humoristische Seite gelehrt, und seine feinsinnigen Witze sind begleitet von der Ironie des Daseins. Da die Saturn-Pflicht, der Anwalt der Törichten zu sein, schwer auf den Schultern der Steinböcke lastet, versuchen sie manchmal, das volle Maß der seltenen Vergnügen des Lebens auszuschöpfen, und akzeptieren sie ruhig und ohne falsche Bescheidenheit oder unangemessene Hemmung. Nur später, wenn der ernüchternde Einfluß der Reife wiederkehrt, fühlt der Steinbock ein wenig Reue und Melancholie, da er der Versuchung verbotener

Leidenschaften nachgegeben hat. In dieser seelischen Verfassung ergibt sich für den Steinbock beinahe zwangsläufig, die Notwendigkeit pragmatischen Handelns anzuerkennen, wie er es auch selbst zugibt: »Ich benütze«. Doch die Sanftheit des Geistes schwächt die Strenge der äußeren Härte des befehlenden Saturns, da das Bewußtsein des Steinbocks ein Mitgefühl für menschliche Fehler mit sich bringt.

Die positiven Eigenschaften des Steinbocks sind Entschlossenheit, Beständigkeit, Weisheit, Zuverlässigkeit, Sicherheit und Ruhe. In der negativen Form kommen sie zum Ausdruck in Selbstsucht, Engstirnigkeit, Unbarmherzigkeit, Strenge, Snobismus, Depressionen und Einsamkeit.

Für den Steinbock bedeutet Liebe einen stillen und zwanglosen Austausch persönlicher Befriedigung. Der Steinbock hat die wertvolle Lektion gelernt, daß Liebe nicht nach übertriebenen Emotionen gemessen werden kann. Aber da er die Liebe mit gemeinsamen Wünschen und Bedürfnissen gleichstellt, hat er noch nicht die Erlösung von seinen inneren Sehnsüchten erfahren.

Das Liebesgeheimnis des Wassermanns

Der Wassermann schüttet sein Wissen aus, entschlossen und besorgt, es zu teilen, bevor er diesen Planeten verläßt.

Ein Rätsel für Freunde und Familie, tollt der Wassermann mit den im Herzen Junggebliebenen umher – was verwundert, da seine Weisheit und Erfahrung im direkten Kontrast zu diesem ungezwungenen, exzentrischen Verhalten stehen. So viele Geheimnisse wurden in der Vergangenheit übersehen, weil es keine Zeit gab, sie zu untersuchen. Nun muß der Wassermann sie alle kennenlernen – muß alle Nuancen des Auf und Ab, des Rechts und Links, des Wollens und Nichtwollens erforschen. Er erfreut sich daran, andere zu schockieren, da er sich einer Fähigkeit bewußt ist, die ihm auf unerklärliche Art erlaubt, einen Blick in die Zukunft zu werfen. Überraschend intuitiv und strotzend von unerwarteten Blitzen telepathischer Bilder, prüft die Wassermann-Seele Menschen und Ideen ohne Gefühlsregung und entdeckt die Wahrheit ohne erkennbare Logik oder spürbare Mühe.

Die Wassermann-Seele neigt dazu, Gesetz und Autorität an den Pranger zu stellen, da er im Geiste schon in der Zukunft lebt. Der Wassermann weiß, daß die strengen Gesetze der heutigen Gesellschaft früher oder später liberaler gestaltet werden müssen. Daher sieht er keinen vernünftigen Grund, etwas zu respektieren, was sicher schon morgen in etwas Neues, ganz anderes führen wird. Sollte eine blutige Revolte notwendig sein, um Toleranz, Brüderlichkeit und Verständnis hervorzubringen, so glaubt der Wassermann, daß der Zweck in diesem Fall die Mittel heiligt. Obwohl er Veränderungen der Welt (und seiner Freunde und Familie) befürwortet, beharrt er auf seinen eigenen persönlichen Meinungen, seinem Wertesystem und seinem Lebensstil und spiegelt hiermit die widersprüchliche Natur des herrschenden Planeten Uranus wider.

Für den unvoreingenommenen Wassermann ist jeder Mensch ein Freund. Doch werden vielleicht persönliche Beziehungen vernachlässigt, da er einem Idealismus folgt, der auf den Nutzen der Gesellschaft im allgemeinen bezogen ist. Wie das Wassermann-Zeitalter, das sie reflektiert, hat diese Seele eine goldene und glorreiche Zukunft im Auge, die vielleicht nur erreicht werden kann, indem man alte Gepflogenheiten und altmodische Ideen über Bord wirft. Sollten konservativere Menschen sich von dem Uranus-Verhalten verletzt fühlen, so lacht der Wassermann-Individualist nur über diese Mißbilligung. Intuitiv die Zukunft vorausahnend, erwidert der Wassermann auf alle Fragen: »Ich weiß«, und weigert sich störrisch zu erklären, *wie* er weiß. Nur Kindern gegenüber verhält er sich anders, da diese in ihrer eigenen Unschuld jenes Stadium der unschuldigen Unkompliziertheit verstehen, die die Seele unter dem Einfluß des Uranus auszeichnet.

Die positiven Eigenschaften des Wassermanns sind Weitsicht, Individualität, Toleranz, Freundlichkeit, Erfindungsgabe, Originalität und Genius. In der negativen Form kommt dies zum Ausdruck in Exzentrik, Neurosen, Absonderung, Geistesabwesenheit und in der Weigerung zur Zusammenarbeit. Für den Wassermann bedeutet Liebe eine besondere und selbstlose

Emotion, die erforscht und genossen werden muß. Der Wassermann versteht den Umfang der Liebe und prüft all ihre Dimensionen, doch zerstreut er sie auch sorglos, da er sie mit Freundschaft verwechselt. Die körperliche Erfüllung läßt ihn gefühlsmäßig leer und immer noch sehnsuchtsvoll, da er den Zauber der Einheit mit dem Partner nicht spüren kann – die endgültige Wahrheit der Liebe, die ruhig auf ihre Entdeckung wartet.

Das Liebesgeheimnis der Fische

Mit der geheimnisvollen Weisheit des die Fische beherrschenden Planeten Neptun wissen diese, daß Traurigkeit und Häßlichkeit nicht Teile von Gottes Plan sind. Sie haben einen Blick auf die Schönheit der Wahrheit erhascht, und die Brillanz dieser mystischen Vision löst in ihnen den Drang aus, sich den negativen Erfahrungen auf dieser Welt zu entziehen. Die Fische vermeiden also oft Konfrontationen und Spannungen durch den Fluchtweg der Drogen, durch Alkohol, Tagträume, künstlerische Kreation, philosophisches Theoretisieren, Meditation oder religiöse Zurückgezogenheit. Fische werden vielleicht Lehrer, Mönche, Nonnen, Mystiker, Künstler, Musiker, abstrakte Mathematiker und intuitive Wissenschaftler – oder vielleicht ziehen sie es auch vor, in den trüben Wassern des Alkoholismus oder der Drogenabhängigkeit zu schwimmen, wenn nicht sogar im Wahnsinn. Es ist in der Tat ein schwieriges und kompliziertes Stadium für die Seele, da die Sonnenzeichen-Erfahrung für den Fische-Mann oder die Fische-Frau mit Versuchungen beladen ist.

Da sie im Unterbewußtsein »alles schon einmal mitgemacht« haben, bringen die Fische ein natürliches Mitgefühl für die Schwierigkeiten ihrer Mitmenschen auf. Die Neptun-Seele ist mit den Wechselhaftigkeiten des Lebens vertraut, versteht die Schwächen der menschlichen Natur und neigt daher eher zu Mitleid, als die Fehler der Menschen zu verdammen. Und daher wenden sich andere sehr oft mit ihren Geheimnissen, Befürchtungen und Sorgen an diese »alten Seelen«. Doch ist deren erster Instinkt, sich von den heiklen Verwicklungen jeder Art fernzuhalten. Nur wenn die Fische den Mut finden, ihren eigenen Problemen mit der gleichen spirituellen Weisheit gegenüberzutreten, die sie anderen anbieten, können die Neptun-Geheimnisse ergründet werden. Diese Seelen sind vergebender, zärtlicher; denn die Fische versichern: »Ich glaube«. Um den vollen Glanz und die Wahrheit der Liebe zu erkennen, können die Fische, wenn sie wollen, auf die Unschuld des Widders, die Geduld des Stiers, das Bewußtsein des Zwillings, das Wahrnehmungsvermögen des Krebses, die Vornehmheit des Löwen, das Unterscheidungsvermögen der Jungfrau, die Urteilskraft der Waage, den Scharfsinn des Skorpions, die Ehrlichkeit des Schützen, die Weisheit des Steinbocks – und die Menschlichkeit des Wassermanns zurückgreifen. Doch manchmal führen diese vielen Fragmente geheimen Wissens nur dazu, die Fische noch mehr zu verwirren, und verleiten sie, den leichteren Pfad passiven Zurückweichens zu nehmen.

Die positiven Eigenschaften der Fische sind Bescheidenheit, Mitgefühl, Empfindsamkeit, geistige Wachsamkeit, psychisches Verständnis, philosophischer Einblick und heilende Kraft. In negativer Form kommen sie zum Ausdruck in Schüchternheit, Besorgnis, Masochismus, Trägheit, Lüge und Willensschwäche.

Für die Fische bedeutet Liebe selbstlose Unterwerfung des Ichs unter das Verlangen, eins zu werden. Die Fische erhalten mehr Vergnügen durch das Geben als durch Nehmen, mehr Glück durch Dienen als darin, bedient zu werden. Doch der rätselhafte Neptun stellt die Fische mit dem Zauber vielfältiger sexueller und romantischer Erfahrungen auf die Probe – und treibt sie von einer Affäre in die andere. Durch Promiskuität oder das Gegenteil, den Rückzug in ein Einsiedlerdasein – flüchten die umsichtigen Fische vor der Gefahr, sich im Netz tiefer emotionaler Bindungen zu verfangen.

Doch der Fische-Mensch, der dieser Versuchung widersteht, die Schmerzen der Liebe zu vermeiden – indem er nur deren Vergnügen sucht – wird von dem endgültigen Geheimnis der Liebe reichlich belohnt. Dann erblickt er vielleicht die wahre Leidenschaft einer Verbindung von Verstand, Herz und Geist, die zu einer seltenen physischen Ekstase führt.

Ihr Sonnenzeichen

Der Ausdruck »Sonnenzeichen« bedeutet, daß – wenn Sie zum Beispiel ein Zwilling sind – die Sonne bei Ihrer Geburt ihren mächtigen Einfluß im Felde des Tierkreises Zwillinge (nicht im astronomischen Sternzeichen) ausübte – in diesem Fall also vom 21. Mai bis einschließlich 21. Juni (während der letzten Jahrzehnte in den USA; in Europa bis einschließlich 20. Juni). Sie werden merken, daß die Daten der zwölf Sonnenzeichen-Perioden mit den Astrologie-Büchern, die Sie lesen, variieren; dies kann für den Laien verwirrend sein. Der Grund für diese Abweichungen liegt darin, daß die meisten Astrologen Sie nicht mit der Information belästigen wollen, daß die Sonne im Lauf eines bestimmten Tages (am Morgen, Nachmittag oder Abend) das Zeichen wechselt.

Daher »berauben« sie das darauffolgende Sonnenzeichen um diesen Wechseltag und geben ihn dem anderen – damit es sich ausgleicht. Dies vergrößert jedoch nur die Verwirrung. Es ist sehr einfach, so zu tun, als ob jede Sonnenzeichen-Periode genau um Mitternacht beginnt. Doch das stimmt nicht.

Die Sonne *verläßt* zum Beispiel, außer bei Schaltjahren, (während der letzten Jahrzehnte und auch gegenwärtig) das Zeichen Widder irgendwann am 20. April und *tritt* in das Zeichen Stier *ein* (am 21. April in Europa). Es ist wichtig zu wissen, daß der 20. April *beide* Zeichen enthält. Sonst könnten Sie vielleicht Ihr ganzes Leben lang glauben, Sie wären ein Stier, obwohl Sie in Wirklichkeit ein Widder sind.

Man darf also nicht vergessen, daß man die genaue Zeit und die Längen- und Breitengrade der Geburt kennen muß, wenn man am *ersten* oder am *letzten* Tag einer Sonnenzeichen-Periode geboren wurde, um urteilen zu können, ob die Sonne zu dieser Stunde am Geburtsort schon das »Zeichen gewechselt« hat. Der Ausdruck »Mondzeichen« bezieht sich auf das Feld des Tierkreises (nicht auf das astronomische Sternzeichen), durch den der Mond zur Geburtszeit »zog« und seinen Einfluß ausübte. Der Ausdruck »Aszendent« (gelegentlich auch »aufgehende Sonne« genannt) beinhaltet das Tierkreiszeichen, das am Osthorizont im Augenblick der Geburt »aufging«. Der Aszendent variiert mit dem Geburtsort (er hängt von der geographischen Lage, ausgedrückt in Längen- und Breitengraden, ab).

Eine Bemerkung zu den »Grenz-Geburtstagen«: Sehr oft sagen (und glauben) Menschen, die an einem dieser »Grenztage« (der Tag, an dem die Sonne in ein anderes Zeichen übergeht) geboren wurden, daß ihre Persönlichkeit scheinbar die Eigenschaften *beider* Sonnenzeichen enthalten. Und sie stellen sich vor, daß dies durch diese »Grenz-Geburtstage« hervorgerufen wird. Manche Astrologen sagen, daß ein »Grenz-Geburtstag« verursacht, daß der Mensch die Charakterzüge beider Zeichen zeige. Meine umfassenden und abwechslungsreichen Erfahrung als Astrologin haben mich überzeugt, daß dies einfach nicht der Wahrheit entspricht. In jedem einzelnen Augenblick, in dem ein Mensch glaubt, er verhalte sich in einer Weise, die einer Verbindung von zwei aufeinanderfolgenden Sonnenzeichen entspricht – verhält er sich, ohne Ausnahme, eben in dieser Weise, weil der *Mond* oder *Aszendent* dieses Menschen im »zweiten« Sonnenzeichen steht.

Ein einziges Sonnenzeichen gilt für Sie. Ihre Persönlichkeit kann und wird nicht an zwei Sonnenzeichen teilhaben, weil Sie an einem »Grenztag« geboren sind. Es ist wahr, daß jedes der drei »Dekanate« eines jeden Sonnenzeichens (jedes astrologische Zeichen umfaßt 30 Grad – jedes »Dekanat« zehn Grad) seine eigene Variation der einzelnen Sonnenzeichen-Eigenschaften verleiht. Doch das ist ein vollkommen anderes Thema. Wenn man ein Steinbock ist, so ist man ein Steinbock. Man ist nicht »zum Teil« ein Wassermann, weil man an einem »Grenztag« geboren wurde. Wenn man sich gelegentlich wie ein Wassermann verhält, so kann man sicher sein, daß der *Mond* oder *Aszendent* zur Geburtszeit im Zeichen Wassermann stand.

Besser: »Wenn sich die Sonne im Zeichen Steinbock befindet, so wirkt sie eben nur in der Art der Eigenschaften des Steinbocks.« Zu diesem äußerst genau bestimmten kosmischen Zeitpunkt (der auf der Erde vielleicht nur Minuten ausmacht, bei gegenwärtigen astronomisch-mathematischen Verhältnissen) – in dem Moment also, wenn die Sonne in das Zeichen Wassermann »eintritt«, übt sie ihren mächtigen Einfluß durch den Wassermann aus und nicht mehr durch das Steinbockzeichen. Die Sonne kann nicht gleichzeitig die Charaktereigenschaften von Steinbock und Wassermann bewirken. Es ist kosmisch und astrologisch unmöglich. Die Vereinfachung der Astrologen, die auf den kombinierten Eigenschaften der »Grenztage« bestehen, kann in Verbindung mit den Sonnenzeichen nicht angewandt werden. In Verbindung mit anderen astrologischen Kräften (eingeschlossen der gegenwärtige »Planeten-Einfluß« des Wassermann-Zeitalters) sowie mit den Aspekten und so weiter – kann man es anwenden. Aber nicht im Fall der Sonnenzeichen.

Sonnenzeichen - Geburtsperioden

Widder	21. März bis 20. April
Stier	21. April bis 20. Mai
Zwillinge	21. Mai bis 20. Juni
Krebs	21. Juni bis 20. Juli
Löwe	21. Juli bis 21. August
Jungfrau	22. August bis 22. September
Waage	23. September bis 22. Oktober
Skorpion	23. Oktober bis 22. November
Schütze	23. November bis 20. Dezember
Steinbock	21. Dezember bis 19. Januar
Wassermann	20. Januar bis 18. Februar
Fische	19. Februar bis 20. März

Geburtsherrscher

Widder	Mars
Stier	Venus
Zwillinge	Merkur
Krebs	Mond
Löwe	Sonne
Jungfrau	Merkur
Waage	Venus
Skorpion	Pluto
Schütze	Jupiter
Steinbock	Saturn
Wassermann	Uranus
Fische	Neptun

Die Widder-Widder Beziehung

Vielleicht sollten wir zuerst über die Fehler sprechen, die zwei in enger Beziehung stehende Widder gemeinsam begehen können. Kurz gesagt, die Zahl ist gewaltig. Doch andererseits kann auch das Ausmaß der Erfolge überwältigend sein – und weil Widder oft unter dem Zwang stehen, mit dem Kopf durch die Wand zu wollen, ist es immer gut, eine mitfühlende Seele zur Seite zu haben.

Wenn sich die persönlichen Auren zweier so starker Persönlichkeiten zum ersten Mal vermischen, räumt man am besten das Feld und wartet die Explosion ab, die sich als Folge des spontanen Aufflammens von Einverständnis zu ereignen pflegt. Es ist ja auch wirklich ein Ereignis, endlich auf einen positiv gestimmten, begeisterungsfähigen und aufgeschlossenen Menschen zu treffen, nachdem man immerzu mit zimperlichen Schwächlingen, langweiligen Spielverderbern, mit Heimlichtuern, Geizhälsen und vornehmlich mit jenen kalten, unnahbaren Leuten zu tun hatte, die einem Schauer über den Rücken jagen, wenn man nur versucht, freundlich zu sein. Jeder Widder empfindet größte Erleichterung, daß sein Widder-Partner weder gegen Extravaganzen, impulsives Verhalten, unbesonnenes Reden, noch gegen Unpünktlichkeit bei Verabredungen etwas einzuwenden hat.

Zwei Dinge sind den meisten Widdern gleichermaßen verhaßt: erstens der Besuch beim Zahnarzt – und zweitens das »ungezwungene« Posieren für den Photographen. Still zu sitzen und zu posieren ist beinahe so schlimm wie das Ziehen eines

Backenzahns oder eine Wurzelbehandlung – beides läßt ihm die Zeit zu erkennen, wie häßlich er ist. Und solche Erkenntnis ist für den selbstbewußten Widder, der ein wenig eitel und um sein Aussehen äußerst besorgt ist, mindestens etwas schmerzhaft. Von der Angst vor dem Zahnarzt darf man jedoch in keiner Weise auf des Widders sonstigen Mut schließen. Der Mars versorgt ihn mit allem Mut, den er zum Leben braucht, und zusätzlich mit kurzfristig verfügbaren Reserven.

Was die Mühe angeht, Dinge lieber selbst zu tun, so ist sie kaum der Rede wert. Es macht dem Widder selten etwas aus, sich Mühe für sich selbst oder für andere zu machen. Müht er sich für andere, dann liegt die Wurzel dazu in der Großzügigkeit seiner von Mars beherrschten Seele, in seiner freigebigen Art im Umgang mit Geld, Zeit, Liebe, Treue. Wenn es um ihn selbst geht, verwendet er die Mühe darauf, dort Probleme zu schaffen, wo keine wären, wenn er die Dinge so belassen hätte, wie sie waren.

Wenn nicht der eine oder auch beide Widder Steinbock, Stier oder Krebs als Mondzeichen oder Aszendenten haben, gelingt es ihnen mit Leichtigkeit, Geld vom anderen zu borgen, und keiner von beiden wird besonderen Wert darauf legen, ob es auch rechtzeitig zurückbezahlt wird. Unsere beiden Widder sind ehrlich und geradeheraus in allem, einschließlich Geld, und würden nie jemanden täuschen. Sie wüßten wahrscheinlich nicht einmal, wie sie es anstellen sollten.

Manchmal überschätzen Widder ihre Zahlungsfähigkeit, vergessen auch mal, eine Schuld zu begleichen, da ihre ganze Aufmerksamkeit auf das Neue gerichtet ist. Sie sind aber immer ehrlich und auf keinen Fall hinterlistig. Nichts ist für den Widder verletzender und ärgerlicher, als auf Mißtrauen zu stoßen oder zu Unrecht verdächtigt zu werden. Den typischen Widder bekümmert es tief, wenn er jemanden im Stich gelassen hat, dem er sein Wort gegeben hatte. Das gilt auch für Gläubiger. Der Widder mag zerstreut und pflichtvergessen sein, doch immer wird er seine Schuld begleichen; oft bezahlt er sogar mehr als nötig, denn er ist beim Geldausgeben sowohl leichtgläubig als auch leichtsinnig.

Am Anfang leben zwei Widder in einem glückseligen Taumel, doch ist der Lack erst einmal ab, kann es zu Enttäuschungen kommen. Was geschieht, wenn Feuer auf Feuer trifft? Die Flammen lodern höher und heißer. Wir wollen dies als Andeutung dessen verstehen, was – im geschäftlichen Bereich, in Liebes- und Freundschaftsbeziehungen – passieren kann, wenn zwei ungestüme und energische Widder aufeinanderprallen. Es ist gar nicht auszudenken, sollten sie auf dem unmöglichen Vorhaben bestehen, den leicht verletzbaren, aber doch unbezwingbaren und unbesiegbaren Willen des anderen brechen zu wollen.

Neben den mehr typisch extrovertierten Widdern gibt es auch die selteneren »Lamm«-Typen, deren Mars-Persönlichkeit schon während der Kindheit auf traurige Weise gebrochen wurde, und die aus diesem Grunde ihre natürliche Überschwenglichkeit hinter einer *un*natürlichen Introversion verstecken. Gehören zwei Widder, die miteinander liiert sind, zu dieser Gruppe, gewinnt man den Eindruck, daß keiner dem anderen auch nur ein Härchen krümmen könnte. Doch der Eindruck kann trügen. Irgendwann einmal werden sich beider Hörner ineinander verkeilen.

Die gerade und ungestüme Art des Mars läßt zwischen zwei Widdern in der Regel eine Woge von Sympathie entstehen. Nur wenn zwei einander in dem ihnen eigenen Drang nach Selbstbestätigung in die Quere kommen, ist die Hölle los.

Widder-Menschen, einmal vereint, rivalisieren vielleicht um die Führung, doch die Erfahrung erteilt ihnen bald die nötigen Lektionen. Der Schock, mit jemandem zusammenzuleben – oder jemanden um sich zu haben –, der ohne böse Absicht ebenso rücksichtslos, selbstsüchtig und aggressiv ist wie man selbst, nimmt jedem Widder etwas von seiner Kraft; die zurückbleibenden Narben zeugen dann von den erlittenen Lektionen. Das Herz des Widders trägt immer mehr Narben, als er jemals zeigen oder zugeben würde. Beide müssen sich nur immer wieder vor Augen führen, daß Widder-Menschen Kinder jenes Tierkreiszeichens sind, das das Erwachen des Persönlichkeitsbewußtseins oder den Sonnenaufgang symbolisiert. Der Widder stellt den Osten, die Tageskräfte, dar. Dies ist der Grund, warum sich Widder gegen Schlaf und Ruhe, Stille und Schicksalsergebenheit mit solchem Nachdruck auflehnen. Dennoch halten Verstimmungen selten lang genug an, um zu dauerhafter Verbitterung auszuarten; denn der Widder besitzt den kindhaften Glauben, jede Meinungsverschiedenheit irgendwie aus der Welt schaffen und persönliche Bindungen kitten zu können, wann immer sie in die Brüche gehen. Es ist für den Widder undenkbar, daß eine gegebene Situation anders sein könnte, als er sie sieht. Trotzdem gelingt es keinem anderen (außer Schützen und Zwillingen), einen falschen Standpunkt schneller zu ändern oder Traurigkeit und Schmerz von gestern leichter zu begraben als einem Widder, der *sanft* behandelt wird.

Das Problem ist, daß der Widder sanft behandelt werden will, er selbst aber nicht geneigt ist, andere sanft zu behandeln. Widder-Menschen verstehen und verkörpern zwar Großzügigkeit und Güte, können aber nicht ganz verstehen, was es heißt, andere ebenso sanft zu behandeln, wie sie selbst es brauchen. Sie lassen sich von niemandem führen oder antreiben, auch nicht von eindeutig Stärkeren, aber erst recht nicht von einem anderen Widder.

Es ist nie einfach für zwei Widder, in vollkommener Harmonie zusammenzuleben (obwohl es zweifellos sehr aufregend sein kann!). Ein glücklicher Umstand ist, daß beide gewöhnlich alles, ausgenommen schlimmste Zwischenfälle, vergeben und vergessen – und schlimme Zwischenfälle sollte man möglichst vermeiden, weil sie zu vergessen der Widder wiederum lange braucht . . . so wie ein Kind, das mit einem vertrauenden Lächeln kleinere Schmerzen sofort vergißt, sich aber im Unterbewußtsein an schreckliche Erlebnisse traumatischer Ablehnung lange erinnert, manchmal ein Leben lang.

Zwei Widder sollten ihre Neigung, wild um sich zu schlagen, zu unterdrücken versuchen, solange sie gereizt sind. Wenn sie aber zuschlagen, bereuen sie sogleich ihre voreilige Handlung und versuchen dann impulsiv, den Schaden wiedergutzumachen, indem sie den anderen mit überschwenglicher Zuneigung überschütten oder ein besonderes Geschenk als Friedensangebot machen. Mit Geschenken übrigens sagt der Widder »ich mag Dich« oder »ich liebe Dich« oder, entschuldigend, »es tut mir leid«. Der Widder schenkt aber nie, um sich Freundschaft zu erkaufen. Er verachtet es, Sachen zu kaufen, die er besitzen will (er ist es doch gewöhnt, sie zu fordern). So reagiert er zutiefst entrüstet und auch sehr verletzt, wenn er unwahre Anspielungen oder Beschuldigungen ertragen muß. Widder-Geschenke kommen immer von Herzen und stellen immer eine Geste des guten Willens dar.

Der Widder freut sich stets, ob er nun ein Geschenk macht oder eines annimmt. Es gehört zur Weisheit der Widder-Unschuld, dankbar nehmen und großzügig geben zu können. Denn wenn niemand fröhlich nehmen könnte, gäbe es auch kein glückliches Schenken. Folglich reagiert der typische Widder auf ein überraschendes Geschenk mit kindlicher Begeisterung. Für jede Verbindung zwischen zwei Widdern, sei es in der Familie, sei es in Liebe oder Freundschaft, gilt eines: beider Gefühlsleben neigt zu gelegentlichem Überschäumen.

Unter Widdern sind Argwohn, Betrug und Heuchelei selten, andererseits wird man nicht viel Vorsicht, Vernunft und Sinn fürs Praktische finden.

Widder-Frau – Widder-Mann

So sichtbar unabhängig, gescheit und clever wie die Widder-Frau ist der Widder-Mann allemal – das glaubt er wenigstens. Und er verlangt dafür Anerkennung, egal ob er damit sie oder sich selbst täuscht. Er sollte ihr frühzeitig klarmachen, daß er das Sagen haben will, oder gleich Schluß machen. Bevor sie dies begreift, kommt es vielleicht zu lautstarken, tränenreichen Auseinandersetzungen; läßt man sie aber, nein, zwingt man sie, eine Frau zu werden, blüht sie auf.

Es gibt bestimmt andere Wege, ihre Weiblichkeit sich entfalten und seine Männlichkeit sich behaupten zu lassen, als von der Widder-Frau zu verlangen, daß sie ihren Beruf aufgibt und sich tagtäglich seinen Launen unterwirft. Falls sie nicht freiwillig ihre vorherige Tätigkeit opfert, um das Heimchen am Herd zu spielen, oder ihre persönlich gesteckten Ziele zugunsten der seinen aufgibt (wie es manchmal geschieht), tut der Widder-Mann gut daran, ihr alle Freiheiten zu belassen.

Für die vom Mars beherrschte Frau, mit ihren sprühenden Hoffnungen und ihrer Erregbarkeit, beginnt die Herausforderung an die Männlichkeit, sobald sie den Widder ihrer Wahl ins Herz geschlossen hat. Sie geht mit ihm durch dick und dünn, sie kann sogar eine zeitweise räumliche Trennung ertragen.

Jede Widder-Frau hat im Unterbewußtsein das tiefe Verlangen, vom Mann beschützt und verteidigt zu werden. In ihren Träumen ist sie immer lieb und sanft und er gutmütig, zärtlich und stark. Er sollte es wirklich sein, wenn er nicht will, daß sie frustriert wird, was sehr leicht möglich ist, im Grunde aber ein sehr unerwünschtes Ergebnis darstellt, wenn der Mann, um ihr zu gefallen, entweder zu sehr nachgibt oder, um die Zügel in die Hand zu bekommen, sich allzu weit vorwagt. Nachgeben kommt nicht oft vor, denn es wäre untypisch für den Widder-Mann. Er wird sich eher vorwagen. Allerdings sollte er dabei bedenken, daß ihr Traum, erobert zu werden, rein romantischer und sexueller Natur ist; er hat wenig bis gar nichts mit ihrer Persönlichkeit oder anderen Bereichen ihres Lebens zu tun.

Als erstes fällt einer Widder-Frau an ihrem männlichen Widerpart auf, daß er noch herrischer, aggressiver und kämpferischer ist als sie selbst. Unverkennbar – und auch zum Glück. Eine Beziehung zwischen Widder-Mann und Widder-Frau hat mehr Aussicht auf Erfolg, wenn sie ihm erlaubt, seine Mars-Gewitter zu veranstalten. Denn das Gewitter klingt weitaus besser, wenn es von ihm kommt – solange er es nicht zu weit treibt. Da ihr Härte selbst nicht fremd ist, weiß sie außerdem sehr wohl, daß seine harte Fassade nur seinen ängstlichen Idealismus, sein verzweifeltes Verlangen nach Anerkennung verdeckt.

Der Widder-Mann vermag trotz seines dreist-aggressiven Auftretens sehr zärtlich und sanft zu sein, und immer täuscht er vor, nicht verletzt zu sein, selbst wenn er tief getroffen ist. Sie weiß das. Da beide die Geheimnisse des Mars kennen, könnte man glauben, sie würden sich auf keine Auseinandersetzung einlassen. Doch in der Regel wird mehr als eine schmerzhafte Lektion nötig sein, um ihnen die Aussichtslosigkeit ständiger gegenseitiger Herausforderungen aufzuzeigen.

Zielt die Widder-Frau mit ihrer Mars-Aggression auf die Feinde ihres Mannes anstatt auf ihn selbst, wird er sie dafür lieben und ihr alle Treue vergelten, die sie ihm entgegenbringt. Sicher ein fairer Handel, aber einer muß den Anfang machen.

Zuerst hat es den Anschein, daß beide sexuell gut zusammenpassen, denn beide suchen in der Liebe im wesentlichen das gleiche: eine Art körperlich-emotionelle Mischung, von Dichtern als Höhepunkt der Seelenfreundschaft bezeichnet und von jedem Widder als romantisches Dogma betrachtet. Ungeachtet, ob sie den Ausdruck »Seelenfreundschaft« selbst gebrauchen oder nicht, liebende Widder zweifeln nie, daß ihre Verbindung nicht nur für den Himmel geschlossen wurde, sondern für das ganze Leben – und für danach. Für den Widder besteht Sex aus einer Reihe seltsamer, kaum verständlicher Widersprüche. Sex ist für ihn ein unglaubliches Zusammenwirken explosiver Lust, unmittelbar und eindringlich, feurig und unbeherrscht und märchenhaft-romantischer Vorstellungen. Eine seltene und bestaunenswerte Mischung aus leidenschaftlichem, stürmischem Gefühl und dem Frieden eines stillen und ruhigen Sonnenaufgangs entsteht auf diese Weise: primitiv und poetisch zugleich.

Was tut die Widder-Frau, wenn er mit anderen Frauen flirtet? Nun, was würde er machen, wenn sie mit anderen Männern flirtet? Das gleiche. Ein Gefühlsausbruch von der Gewalt einer Wasserstoffbombe wäre die Folge – für die Liebe ebenso töricht und selbstmörderisch. Jeder Widder wird den anderen unmißverständlich wissen lassen, daß er keine Ketten für seine Freiheit duldet. Doch handelt es sich nur um eine einseitige Freiheit: keiner will von der Eifersucht unterdrückt werden, während er gleichzeitig selbst sehr eifersüchtig ist. Widder wollen gleichzeitig immer zwei Dinge auf einmal, den Kuchen besitzen und ihn aufessen. Es gibt heftige Szenen, bis sie lernen, daß es nur ein »entweder – oder« geben kann. Sie müssen lernen, daß die Liebe kein Spiel ist, das gewonnen, keine Schlacht, die geschlagen, und kein Preis, der errungen wird.

Die Wurzel der Widder-Eifersucht ist die im Unterbewußtsein lauernde Angst des Kindes, die Liebe der Eltern zu verlieren; diese Angst ist, wie es scheint, unvereinbar mit dem Kampf gegen den bewußten Mars-Trieb zur persönlichen Unabhängigkeit. Vergißt der Widder einmal, die Widder-Frau anzurufen, um sich für sein Ausbleiben zu entschuldigen – wer außer ihr könnte seinen Drang besser verstehen, plötzlichen Impulsen zu folgen, ohne vorab ein großes Palaver zu veranstalten?

Der Widder, der einem aufregenden, neu entdeckten Ziel nachgeht, ist nur sich selbst gegenüber ehrlich; die Widder-Frau, die dies erkennt, muß zugeben, daß sie nie einen Mann lieben könnte, der sich selbst belügt. Das neue, aufregende Ziel muß nicht immer und unbedingt eine andere Frau sein. Eine andere Frau ist es nur, wenn sie ihn durch unbegründete Eifersucht dazu treibt. Vertraut sie ihm aber voll und ganz, hat sie nichts zu bereuen.

Wenn Widder-Mann und Widder-Frau nach dem Grundsatz »Was Du nicht willst, das man Dir tu, das füg' auch keinem anderen zu« leben und vorausgesetzt, ihre Sonne-Mond-Aspekte sind harmonisch, wird diese Beziehung zu emotioneller Reife führen. Hinzu kommt das schönste denkbare Geschenk: frei und ehrlich und ohne Heuchelei miteinander leben zu können, ohne Angst vor Ablehnung.

Die Widder-Stier Beziehung

Da beide, Widder und Stier, starke Hörner besitzen, könnten die Entschlossenheit des Widders und die Sturheit des Stiers als gleichwertige Eigenschaften angesehen werden. Sie sind es aber nicht, und viele Vorfälle zwischen diesen beiden Sternzeichen verdeutlichen den Unterschied. Der Widder-Chef möchte, daß sein Mitarbeiter am freien Wochenende arbeitet, und sagt entschieden: »Ich brauche Sie am Samstag, also nehmen Sie sich nichts vor!« Das ist Entschlossenheit. Der Stier-Angestellte antwortet gelassen: »Keine Zeit am Samstag. Suchen Sie sich einen anderen.« Das ist Sturheit.

Nach einigen Begegnungen wird der Unterschied zwischen den Charakteren klar. Der Entschlossene ergreift die Initiative, der Sture tritt ihm entgegen. Der erste macht eine positive Aktion, der zweite eine negative *Re*aktion. Streit zwischen Widder und Stier wird immer vom Widder begonnen und vom Stier beendet. Denken Sie immer daran. Auch der Stier vergißt es nicht. Er vergißt *nie* etwas.

Widder werden zwar beschuldigt, oft alle Brücken hinter sich abbrechen zu wollen und mit rücksichtsloser Unbeherrschtheit durchs Leben zu gehen, doch sie haben auch ihre sanften Seiten. Dem Stier wird vorgeworfen, er habe soviel Initiative wie ein Sack Kartoffeln und ersticke alle Begeisterungsfähigkeit des Widders mit seiner Trägheit schon im Keim. Aber auch der Stier hat phantasievolle Momente – wenn er will.

Der Widder neigt zu Aggression, Leidenschaftlichkeit, Herrschsucht, Extravaganz, Schwätzerei und Optimismus. Er braucht Aufregung und schnelle Ergebnisse – und dazu ein bißchen Zauber, damit das Leben interessant wird.

Der Stier ist eher reserviert, praktisch eingestellt, wortkarg, selbstgenügsam und wohl auch ein wenig pessimistisch. Er strebt nach Beständigkeit, Alleinsein, will kein Risiko auf sich nehmen –, und er verlangt nach viel Ruhe und Erholung, damit er das Leben ertragen kann.

Es ist ganz klar, diese beiden passen wirklich nicht zusammen. Ihre inneren Beweggründe zielen, genau wie ihre Taten, in verschiedene Richtungen. Es ist jedoch von Vorteil, jemanden zu kennen, der andere Eigenschaften besitzt als man selbst.

Da es sich um eine 2:12-Sonnenzeichen-Beziehung (siehe S. 160) handelt, steht der Stier dem Widder oft tolerant und wohlwollend gegenüber. Der Widder versucht, die stille Gelassenheit des Stiers nachzuahmen. Letzten Endes ist stille Gelassenheit mehr oder weniger gleichbedeutend mit Stärke, und der Widder versucht immer – sogar gegen seine Natur – stärker zu werden. Schwäche existiert weder für den Widder noch für den Stier.

Der Stier versteht den Zwang, der hinter der Entschlossenheit und der dreisten Unabhängigkeit des Widders steht, da jedes Sonnenzeichen den Samen oder das Karma der Eigenschaften des im Tierkreis unmittelbar folgenden und vorausgehenden Zeichens trägt, wie bei jedem 2:12-Bild. Die vom Stier gewünschte Sicherheit kann jedoch oft im Zusammenwirken mit der unermüdlichen Energie und dem starken Willen des Mars-Einflusses erreicht werden. Der Stier weiß dies ganz instinktiv, daher zieht ihn gerade der Widder besonders an.

Der Widder beneidet insgeheim die Gelassenheit und vernünftige Lebensanschauung des Stiers und könnte aus dessen realistischer Einstellung immensen Gewinn ziehen. Daher fühlt er sich von der Zuverlässigkeit des Stiers angezogen.

Wäre ein freier Austausch von Eigenschaften zwischen Stier und Widder möglich, könnten sich ihre Charaktere günstig verbinden, und gemeinsam würden sie Ziele erreichen, die sie, auf sich selbst gestellt, nicht erreichen. Die Gefahr einer Verbindung ihrer Mars-Venus-Auren besteht darin, daß der Widder den Stier gelegentlich bis über die weitgespannten Grenzen seiner Geduld reizt und sich der Stier nach reiflicher Überlegung entschließt, die Verbindung abzubrechen.

Der Widder kann durch die zeitweiligen Anfälle von Melancholie und Introversion des Stiers verwirrt und frustriert werden, auch wenn Scherze und Lachen dies etwas lindern. Von Zeit zu Zeit überredet der Widder den Stier, auf Parties zu gehen und am gesellschaftlichen Leben teilzunehmen. Wird dies nicht übertrieben, kann es dazu beitragen, diesen »Einzelgänger-Instinkt« auszugleichen.

Der Hauptfehler, der von den meisten Widdern gegenüber Stier-Freunden, -Verwandten, -Geschäftspartnern, -Liebespartnern oder -Bekannten begangen wird, ist, daß man sie zu schnellen Entscheidungen drängt. Das klappt nicht, das klappt niemals! Der Stier braucht Zeit. Findet der Stier Vorschläge vernünftig und brauchbar, wird er sie erwägen und ihnen schließlich zustimmen. Doch bis es dazu kommt, vermag keine Macht auf Erden die Lage vorzeitig zu klären. So ist es, und niemand, nicht einmal der feurige Widder, kann etwas daran ändern.

Wenn der Stier lernt, gegenüber dem Widder eine flexible Einstellung an den Tag zu legen, und von ihm nicht immer vernünftiges Handeln zu erwarten, verläuft die Beziehung reibungsloser. Der Widder muß sich durch seine eigenen Mars-Eigenschaften ausdrücken können, zu denen extreme Höhepunkte wie Tiefschläge gehören, damit er lernt, daß impulsives, unbesonnenes Vorgehen nur Kummer mit sich bringt.

Jeder Widder muß die Freiheit besitzen, sich ohne Einschränkung und Mißbilligung verwirklichen zu können.

Jede menschliche Beziehung – auch das Leben selbst – muß für den Stier einem klaren Zweck und einer bestimmten Funktion dienen. Hat er keine brauchbaren Ziele vor Augen und verzettelt er sich in ziellosen Tätigkeiten und zerstreuten Gedanken, zieht er sich schließlich zurück. Er lernt nur durch Erfahrung, und nur durch Realisieren seiner »festen« Absichten kann dieses »feste« Sonnenzeichen sich selbst treu bleiben.

Die Versuche eines Erdzeichens, den Widder zurückzuhalten, führen nur zu einer Zunahme seiner verborgenen Verwundbarkeit. Dann wird der Widder entweder plötzlich und gewaltsam alle Brücken zu dem erdrückenden Stier abbrechen oder sich ihm unterwerfen und damit in eine schwere Neurose geraten – völlig im Widersinn zu den Lebenskräften des Mars.

Liegen Sonne und Mond im Horoskop von Widder und Stier im Widerstreit, muß man vor drohender Grausamkeit auf der Hut sein. Steht der Aspekt der Geburtssonne des Widders zum Geburtsmond des Stiers (oder umgekehrt) günstig und sind ihre gemeinsamen Aszendenten harmonisch, dann kann der Stier dem Widder auf dem Weg zum Gipfel der Glückseligkeit behilflich sein, indem er dessen Höhenflüge des Gefühls mit unendlicher Geduld absichert.

Widder-Frau – Stier-Mann

Eine Liebesbeziehung zu einem Stier-Mann ist mit Sicherheit ein wichtiger Lernprozeß für die Widder-Frau. Sie glaubt, sie kann unerschütterliche Hindernisse (wie ihn) einfach zur Seite schieben, darüber hinweggehen oder sie mit der unwiderstehlichen Kraft ihrer Mars-Wärme schmelzen. Aber nicht dieses.

Sie schiebt – er sitzt. Sie drängt – er schmollt. Sie fordert – er gibt nicht nach. Dann, Vorsicht! Der nächste Schritt könnte sein: Sie heult – er geht. Geht weg, meine ich, für immer. Aber Stiere und Widder können auch anders miteinander umgehen. Zum Beispiel: Sie lächelt – er gibt nach. Sie schmeichelt – er liebkost sie. Sie umarmt ihn – er strahlt. Sie sehen, es ist immer die Frau, die die Initiative ergreift.

Sie streiten vielleicht um Geld (ihre Extravaganz – seine Sparsamkeit), oder das Bedürfnis des Widders nach Aufregung steht dem Bedürfnis des Stieres nach Ruhe und und Frieden entgegen. Aber mit einiger Mühe können sie sich an die Eigenarten des anderen anpassen, und dieses Paar kann eine seltene und warme Zufriedenheit finden.

Da sie ungewöhnlich viel Freiheit verlangt und beansprucht, ist es ein glücklicher Zufall, daß der Stier nicht übermäßig eifersüchtig ist. Er ist nicht eifersüchtig, dafür aber besitzergreifend. Ja, der Stier-Mann ist stur; diese astrologische Tatsache läßt sich nicht leugnen. Seine manchmal blinde, unvernünftige

Starrköpfigkeit kann unangenehm geweckt werden, wenn die Widder-Frau mit ihm Blumen pflücken, er aber in Ruhe lesen will, (an anderen Tagen unterhält er sie gern mit seinem geistvollen Humor) – wenn sie immer mehr Geld ausgibt, als er verdient. Aber ein geliebter Stier erträgt diesen »Lärm um nichts« mit großem Gleichmut. Der zufriedene Stier-Mann akzeptiert geduldig die unkontrollierte Überschwenglichkeit des Widders, solange sie ein gewisses Maß nicht überschreitet. Wenn allerdings letzteres der Fall ist, dann kann seine im Verborgenen schwelende Wut aus ihm herausbrechen. Der Widder, der die Wut des Stiers nicht kennt, sollte das Schicksal nicht herausfordern.

Wenn sie ihn sanft behandelt und auf seine Gefühle eingeht, geht er mit ihr durch dick und dünn. Er wird sie grenzenlos verehren und über ihre Fehler großzügig hinwegsehen. Er umsorgt sie, selbst wenn er ihre vorübergehenden Gefühlsausbrüche nicht versteht. Nicht selten drückt sich seine Fürsorge auch in einem dicken Bankkonto und in einem sicheren Dach über dem Kopf (selbstverständlich mit gut gefülltem Kühlschrank) aus, wobei er sein Bestes tut, Sicherheit und Wohlstand langsam, aber stetig zu vermehren.

In eine durchschnittliche Liebesbeziehung oder Ehe zwischen Stier-Mann und Widder-Frau bringt sie die Ideen und die Energie ein, er sorgt für Stabilität und Sicherheit. Dies gilt für finanzielle sowie sexuelle Aspekte ihres gemeinsamen Wagnisses.

In der Liebe, wie in allen anderen Dingen, ist der Stier-Mann praktisch, aber er ist auch außerordentlich liebevoll, romantisch und sentimental. Die Widder-Frau, die fälschlicherweise annimmt, ihr meist zurückhaltender Stier-Liebhaber oder -Ehemann liebe sie nicht mehr, wird immer wieder mit einer extravaganten Überraschung eines besseren belehrt.

Trotzdem könnten Probleme in der körperlichen Liebe entstehen, wenn die erste magnetische Anziehungskraft der männlich-positiven und der weiblich-negativen Polarität nachläßt. Für die Widder-Frau ist Sex eine Art Erlösung – geistig, emotional, körperlich und seelisch –, eine sichtbare Äußerung des Glaubens und der Stärke des Mars, die den mächtigen Drang zur Selbstverwirklichung darstellt. Für sie rechtfertigt sich sexuelle Aktivität allein als aufregende Phantasie, die auf eine wunderbare, nur ihr bekannte Weise all ihre Träume erfüllen könnte. Für den Stier-Mann ist Sex etwas Normales und Natürliches, das zwei sehr realen und vernünftigen Zwecken dient – der Befriedigung sinnlicher und erotischer Bedürfnisse einerseits und der Gründung einer Familie mit Kindern andererseits.

Sie muß ihre sexuelle Mars-Energie freisetzen, auch wenn dies zu nicht viel mehr als Frustrationen führt – und ein phantasievoller, romantischer Rahmen ist für sie unbedingt notwendig. Er findet es sinnlos, überhaupt Energie freizusetzen, es sei denn zu einem praktischen und nützlichen Zweck. Der typische Stier empfindet Tagträume als überflüssig und unproduktiv. Ein harmonisches Verhältnis zwischen ihren Sonnen, Monden und Aszendenten kann wie durch ein Wunder diese Unterschiede in ihren Naturen ausgleichen, und die beiden können in ihrem Zusammensein sowohl in sexueller als auch in jeder anderen Hinsicht reichlich Erfüllung finden.

Ist jedoch der Aspekt zwischen ihren Geburtsgestirnen bzw. Aszendenten ungünstig, ist es für die Widder-Frau schwierig, den Stier auf ihrer Weide zu halten; es sei denn, sie bemüht sich ständig und sehr bewußt darum, ihm zu gefallen, was dem typischen Widder schwerfällt. Ein großes Maß an Schmerz und Ärger muß ausgestanden werden, bevor ein Stier-Mann eine Frau, die er geliebt hat, verläßt (oder bevor sie sich von seinem Besitzanspruch befreien kann). Aber wenn er geht, geht er für immer. Ein wenig Zärtlichkeit heute kann morgen viele Tränen verhindern.

Trotz der vielen Auseinandersetzungen über gemeinsame sowie individuelle Fragen, die diese beiden fast sicher haben, lernt sie bald eine rührende Wahrheit über die Einstellung ihres Stier-Mannes zum Geld kennen, die so ganz anders ist als ihre eigene (vorausgesetzt, sie sind beide typisch für ihre Sonnenzeichen, und ihre Geburtshoroskope weisen keine ungünstigen Planetenpositionen auf). Anfangs hält sie ihn für einen ausgesprochenen Geizhals und er sie für so leichtsinnig und unvorsichtig mit Geld, wie eben nur eine Frau sein kann. (Er glaubt, alle Frauen seien mehr oder weniger aus dem gleichen extravaganten Holz geschnitzt). Nach und nach wird jedoch sein gutmütiges Stier-Herz gerührt, da er allmählich begreift, daß ihr Leichtsinn im Umgang mit Geld fast immer von impulsiver Großzügigkeit motiviert ist.

Sie begreift, daß seine Vorsicht aus seinem unbeherrschten Bedürfnis nach Sicherheit stammt, aus seiner tiefverwurzelten Angst, sich plötzlich auf der Straße zu finden und auf die Almosen anderer oder des Staates angewiesen zu sein, was seinen Stolz, von niemandem abhängig zu sein, zerstören würde. Sie erfährt auch, daß er wirklich großzügig sein kann, sobald ihr sturer, aber gutherziger, unerschütterlicher und treuer Stier ihre Zukunft gesichert weiß. Aber der typische Stier-Mann geht kein großes Risiko ein. Wenn seine Widder-Frau ihn zu überreden versucht, in eine größere Wohnung oder ein schöneres Haus umzuziehen und das fehlende Geld für Miet- oder Hypothekenzahlungen durch in Aussicht gestellte Gehaltserhöhungen, Kommissionen oder Prämien aufzubringen, ist das sicherlich ein aussichtsloses Unterfangen. Der Stier gibt kein bißchen nach, bevor er nicht sicher ist, die zusätzliche Belastung verkraften zu können.

Aber wenn es hart auf hart kommt (ein ausgezeichneter Ausdruck für den Stier), teilt dieser Mann, was er hat, mit jedem, dessen Not er sich bewußt ist, besonders mit Familie, Freunden – und mit der Frau, die er liebt.

Widder-Mann – Stier-Frau

In einer Romanze oder Ehe zwischen Stier-Frau und Widder-Mann hat die Beziehung bessere Aussichten auf Erfolg. Die Eigenschaften von Passivität, Standhaftigkeit und ruhiger Aufnahmefähigkeit (Stier) wirken natürlicher bei einer Frau. Die Eigenschaften von Aggression, Unabhängigkeit und Tatendrang (Widder) sind natürlicher bei einem Mann. Zumindest kann die Anzahl der Konflikte geringer werden, wenn in dieser 2:12 Beziehung die Frau Stier und der Mann Widder ist. Es ist aber die *Heftigkeit* der Konflikte, nicht die *Häufigkeit*, die eine Beziehung zerstört, daher sollten diese beiden nicht zu optimistisch an die Sache herangehen. Es hängt meistens von den Mond- und Aszendentenpositionen beider ab.

Falls das vierte Haus ihres Horoskops nicht zu ungünstig steht, ist die Stier-Frau der geborene häusliche Typ. Ohne guten Grund ist sie nicht übermäßig eifersüchtig. Sie ist geduldig und nörgelt selten. Sie ist eine gute Gastgeberin für die Geschäftsfreunde ihres Mannes und eine recht gute Zuhörerin.

Da der Widder-Mann ein ständiges und zuverlässiges Gegenüber braucht, wenn er über sein Lieblingsthema (sich selbst) spricht, er oft Leute nach Hause einlädt, um seine neuen Projekte und Ideen zu verkaufen, und sich wenig Sorgen um Geld macht (»Sparsamkeit« ist ihm kein Begriff), ist ihm die Stier-Frau eine große Stütze. Normalerweise liebt der Widder-Mann den Sport, und die typische Stier-Frau liebt die Natur. Falls sein Lieblingssport zufällig Camping oder Wandern ist, können sie einen weiteren Pluspunkt auf die Erfolgsseite dieser Beziehung setzen. Sonst könnte es samstags zu dem so häufigen Fußball-Krach kommen.

Glücklicherweise können eventuelle Unstimmigkeiten im Schlafzimmer ausgeglichen werden, da ihre körperliche Beziehung äußerst befriedigend sein kann. Der Widder-Mann findet gewiß Gefallen an den sinnlich-erotischen Gefühlen der Stier-Frau, könnte aber das Fehlen an mystischer Kreativität in der körperlichen Liebe bedauern. Sie sieht Sex als eine praktische und erfreuliche Sache, die ihr vollkommene Befriedigung der Sinne schenkt und dazu einige babbelnde Bambinos.

Auch wenn ihr sein romantischer Idealismus für immer rätselhaft bleibt, muß dies nicht unbedingt sexuelle Unverträglichkeit bedeuten.

Eine Warnung: auch wenn die Stier-Frau nicht jede Nuance der Sexualität des Widders nachvollzieht, heißt das noch lange nicht, daß sie nicht sentimental oder romantisch ist. Sie ist es sehr wohl. Vergißt er den Tag des ersten Rendezvous (des Entschlusses zur Heirat, der Hochzeit), so wird der gedankenlose Widder sein Leben lang von ihr daran erinnert werden.

Der Widder-Mann erkennt bald, daß diese Frau, die so ruhig und ausgeglichen ist, wie er selbst sein möchte, sehr erfrischend auf seine Seele einwirkt, sein Haus mit Liebe und Kameradschaft erfüllt und dazu noch eine ausgezeichnete Köchin ist. Sie bringt Sonne in sein Herz, und treue Verehrung begleitet ihn sein Leben lang. Sie weiß auch, wie man zu Geld kommt und wie man es spart. Diese Frau kann es sich leisten, die falschen Wimpern den weniger weiblichen Frauen zu überlassen. Sie ist ganz Frau und braucht keine Maskerade, um es zu beweisen.

Von Zeit zu Zeit muß sie jedoch aus ihrer Zurückgezogenheit ausbrechen. Die Stier-Frau kann dem freundlichen, direkten und gutherzigen Widder-Mann recht kalt und herzlos erscheinen, wenn sie sich zu etwas entschieden hat und jeder Diskussion von vornherein einen Riegel vorschiebt. Sollte er ihr dann Sturheit vorwerfen, so hilft das genauso viel, wie wenn sie ihm Selbstsucht vorwirft. Es hat keinen Sinn darüber zu diskutieren, da keiner jemals seine Fehler zugeben wird.

Viel Zuneigung, Ehrgeiz, Ehrlichkeit und finanzielle Sicherheit sind die vier Wege zu ihrem Herzen.

Die Widder-Zwillinge Beziehung

Da beide – Widder wie Zwillinge – sich gern politisch und sozial engagieren und das gleiche Talent zu kreativer, beharrlicher Überzeugungskunst besitzen, können sie gemeinsam phantastische Heldentaten voller Einfallsreichtum zuwege bringen. Beide stehen dem Geld und der Macht gleichgültig gegenüber und sind daher selten so erfolgreich, wie es eigentlich ihren Fähigkeiten entspricht, zieht man die gesamte gefühlsmäßige (Widder) und geistige (Zwillinge) Energie in Betracht, die sie in eine Sache stecken, wenn ihr Interesse erwacht ist. Nichts allerdings wird das Interesse dieser beiden Sonnenzeichen längere Zeit fesseln können.

Da der Widder von naivem Ungestüm überschäumt und der Zwilling durch das Abstreifen geistiger Fesseln die völlige Unabhängigkeit anstrebt, zeugen ihre gemeinsamen Vorhaben selten von geistiger Reife. Die Kombination der Eigenschaften dieses 3:11-Sonnenzeichen-Verhältnisses zeichnet sich durch Optimismus mit vorübergehenden Anzeichen von Empfindlichkeit und verborgener Unsicherheit aus. Verbinden sich Widder und Zwilling als Nachbarn, Freunde, Geschäftspartner, Verwandte, Liebende oder Bekannte, verdoppelt sich ihr individueller Freiheitsdrang gegen alle, die sie in einem Morast von Konventionen und Vorsicht einzuschränken versuchen. Ob getrennt oder gemeinsam, immer sehen sie jung aus und handeln auch so – nicht selten benehmen sie sich daher wie Kinder.

Widder und Zwilling sind von Grund auf ehrlich, aber beide

können sich selbst belügen und merken nicht, wo Ehrlichkeit endet und Selbstbetrug beginnt. Die Unschuld oder Ignoranz – je nachdem – liegt in ihrer individuellen Natur. Mit anderen Worten: Sie verkaufen sich selbst ebenso wie andere. Ist das verkaufte Produkt nicht echt, wird der Zwilling der erste sein, der mit dem scharfen analytischen Verstand des Merkurs den Kuhhandel durchschaut. Und dennoch macht er sich oft etwas vor, weil er allzu gern an seiner ursprünglichen Vorstellung festhält. Dem Widder fällt es äußerst schwer, zwischen verführerischem Glanz und echtem Gold zu unterscheiden. Um sich eine solche Urteilskraft anzueignen, muß er wiederholt tiefe Enttäuschungen durchmachen.

Ich sprach von den *beiden*, sollte aber besser von den *dreien* sprechen. Der Widder ist zwar zweifellos eine einzige, unteilbare Person mit seinem Anspruch »Freiheit und Gerechtigkeit für alle«, der Zwilling jedoch besteht eindeutig aus zwei Personen. Er ist der, der er ist, und der, der er sein möchte. Zwilling also.

Der Widder drängt instinktiv vorwärts, von der Ernsthaftigkeit seiner Sache ebenso überzeugt wie von dem sicheren Sieg, ohne lange das Für und Wider einer Situation oder eines Problems abzuwägen. Im Gegensatz dazu überdenkt der Zwilling alle Möglichkeiten und Schlüsse mit kühlem, sachlichem Verstand und einer Logik, die für alle drei Luftzeichen (Wassermann, Waage, Zwilling) typisch ist. Trotz aller geistigen Anstrengung fehlt dem Zwilling jedoch der Sinn fürs Praktische.

Als Kardinalzeichen beansprucht der Widder stets die Führungsrolle. Mit Enthusiasmus und Wagemut fordert er heraus, leitet an, ergreift die Initiative und inspiriert. Der Widder nimmt fast jede Idee, ob gut oder schlecht, mit Begeisterung auf, wenn nur seine Emotionen angesprochen sind und seine Persönlichkeit sich damit identifizieren kann. Der unbeständige Zwilling identifiziert sich lieber nicht persönlich, sondern nimmt nur Ideen auf, die die Logik und Geschicklichkeit seiner Merkur-Vernunft ansprechen. Sein wahres Selbst bleibt beobachtend im Hintergrund.

Obwohl der Zwilling maßgeblich vom Verstand bestimmt

ist, sympathisiert er mit der gefühlsbetonten Art des Widders, auch wenn er sich selbst auf ein derartiges Engagement nicht einläßt. Von Merkur beherrschte Menschen haben Verständnis für den vorbehaltlosen Einsatz des Mars. Aber sie wissen, daß es für sie selbst am besten ist, emotionales Engagement zu meiden.

Aus Angst vor einer Einschränkung seiner Geistesfreiheit mißtraut der Zwilling allzu engen menschlichen Beziehungen, die ihn zu ersticken drohen, auch langweiliger Arbeit ohne Aussicht auf Abwechslung oder Herausforderung – kurz, er mißtraut allem, was seine Träume zerstört.

Glücklicherweise ist der typische Widder nicht nur der Zweiheit des Zwillings bewußt, sondern auch bereit, ihr den notwendigen Platz einzuräumen. Daher ist diese Verbindung für den Zwilling günstig, da das Verständnis – oder der Mangel an Verständnis – eine wesentliche Rolle dabei spielen, ob sich seine Träume erfüllen, oder wie Irrlichter auflösen.

Gibt es einen negativen Aspekt zwischen Sonne und Mond oder Aszendenten in ihren Geburtshoroskopen, so wirft der Widder dem Zwilling vor, in den Tag hinein zu leben und zuwenig Konkretes zu unternehmen, und verlangt von ihm direkte Antworten. Dann kann es vorkommen, daß der Zwilling mit seiner losen Zunge das leicht verletzbare Ego des Widders verwundet. Es kommt zu einem unerbittlichen Kampf, und die Funken fliegen – die luftige Einstellung des Zwillings schürt die Flammen des Mars-Zorns. Aber selbst nach den stürmischen Szenen wird sich der Wind legen und kein Rest von Bitterkeit zurückbleiben. Wie bei allen 3:11-Beziehungen sind Widder und Zwilling im Grunde gute Freunde und bleiben es.

Widder-Frau – Zwillinge-Mann

Es gibt Widder-Frauen und Zwillinge-Männer, die Hand in Hand wie Kinder die Straße entlangtollen. Dann gibt es andere, die sich vom Aufstehen bis zum Schlafengehen voller Hingabe und Sarkasmus streiten. Die emotionale Verbindung des Mars mit Merkur bringt in einer Liebesbeziehung oft eine seltsame

Mischung aus gespenstischer Zärtlichkeit und tiefem Schmerz hervor. Diese Beziehung kann im Himmel oder in der Hölle enden. Denn der Zwilling bringt – im Gegensatz zu den anderen Luftzeichen – sowohl seine Verehrung als auch seine Verachtung klar und unmißverständlich zum Ausdruck.

Der Einfluß freundlicher und verbindender Schwingungen dieser 3:11-Sonnenzeichen-Beziehung ist unverkennbar. Kein Zweifel, daß sie sich manchmal – oder sogar oft – in den Haaren liegen; trotzdem verbergen sich hinter ihren ungestümen Streitereien Hoffnungen auf eine bessere Zukunft und ein Frühlingserwachen. Ihre Auseinandersetzungen verlaufen außerordentlich wortreich und laut, sind aber nicht allzu ernst zu nehmen.

Widder und Zwilling lieben einander nie maßvoll. Wenn sie sich verlieben, machen sie sich keine Gedanken über einen glücklichen oder schmerzhaft traurigen Ausgang dieser Beziehung. Die erste magnetische Anziehung zwischen den beiden sorglosen Naturen bringt sie dazu, sich dem anderen vertrauensvoll hinzugeben, ohne sich um ein Ende in ferner Zukunft zu sorgen. Wenn es dazu kommen sollte – durch Trennung, Scheidung, Tod –, wird die Erinnerung an eine Liebe, die so naiv, aufregend und so voll blinden Glaubens war wie die eines Kindes, das gemeinsam durchgestandene Leid vergessen machen. Das ist das Wunderbare an dieser Beziehung, in der echte Freundschaft vom ersten Tag an das Fundament bildet.

Eifersucht kann ein großes Problem darstellen. Die typische Widder-Frau ist so eifersüchtig, wie eine Frau nur sein kann, und selten ist sie in der Lage, ihre Eifersucht rational zu bewältigen. Dies kommt nicht von ihrer besitzergreifenden Natur, sondern von der furchtbaren Angst vor Ablehnung und von dem Bedürfnis nach ständiger Bestätigung, geliebt zu werden. Die übertriebene Sorge des Widders, die Liebe des andern zu verlieren, wird verständlicher, wenn man ihre Ursache kennt, nämlich das unbewußte Gefühl kindlicher Hilflosigkeit und die vollkommene Abhängigkeit von ununterbrochener Zuneigung. Solche Gefühle stecken immer hinter der Mars-Fassade von Unabhängigkeit und Hochmut, die eine Art Schutzwall gegen seine Verletzbarkeit bildet.

Der typische Zwillings-Mann kennt keine exzessive Eifersucht, es sei denn, Venus und Mars stehen ungünstig in seinem Geburtshoroskop oder der Mond oder Aszendent stehen im Widder. Aus diesem Gegensatz entstehen die meisten Schwierigkeiten. Sie würde ihn gern eifersüchtig sehen, er könnte ja wenigstens so tun als ob. Bewußt oder unbewußt, die Widder-Frau findet Gefallen daran, seine Eifersucht zu wecken. Sie möchte immer wieder bestätigt sehen, wieviel sie ihm bedeutet.

Obwohl die Widder-Frau lernen muß, ihre Eifersucht in den Griff zu bekommen (wenn sie ihn nicht verlieren will), muß auch er lernen, ihre Beweggründe für dieses Verhalten zu verstehen.

Sie hat Mut und Unternehmungsgeist, sie ist energisch und ehrgeizig – alles angeblich männliche Eigenschaften. Männer glauben, diese Züge seien ihrem Geschlecht vorbehalten.

Mit ihrem unschuldigen Glauben an Wunder ist die Widder-Frau dazu bestimmt, eines Tages einen Mann zu finden, der auf der Suche nach der »echten« Frau ist. Er könnte ein Zwilling sein. Dieser Mann weiß vielleicht nicht immer, was genau er eigentlich will, aber das Verlangen, mit der geliebten Frau geistige Interessen zu teilen, wird immer groß sein. Die laszive Verführerin, die in passiver Bewunderung zu ihm aufblickt, anstatt sich geistig mit ihm zu messen, bedeutet ihm nichts. Sein Verstand wird immer ausschlaggebend sein, wenn er sich verliebt. Dann erst folgt sein Herz und schließlich das körperliche Verlangen. Beim Zwilling spielt sich eine Romanze in dieser Reihenfolge ab. Bei der Widder-Frau ist die Reihenfolge ganz ähnlich. Zuerst verliebt sich ihr Herz, danach der Verstand und dann erst folgt das körperliche Verlangen.

Da er die ständige geistige Herausforderung der Widder-Frau schätzt (Widder sind vom Geist beherrscht, Zwillinge vom Verstand), wird sie schließlich merken, daß er sie liebt, wie sie ist. Dann wird sie nur ihm und keinem anderen zeigen, wie zärtlich und liebevoll sie sein kann. Der natürliche Charme des Zwillings und seine Redegewandtheit (auch manchmal Flunkerei genannt) können ihre Mars-Eitelkeit beschwichtigen – und er ist bestimmt jeder Debatte, die sie beginnt, gewachsen. Und sie beginnt recht viele.

Sie gewöhnt sich schwer an seine typische Zwillings-Unpünktlichkeit. Sie selbst ist zwar auch kein Vorbild an Pünktlichkeit, aber Widder haben eine selbstsüchtige Art, wenn sie ihre eigenen Schwächen bei anderen sehen.

Die Widder-Frau, die sich in dieses doppelköpfige Zwillingswunder mit zweierlei Wünschen und Handlungsweisen verliebt, sollte genau den Unterschied zwischen den Worten »gesellig« und »untreu« kennen; es *gibt* einen Unterschied. Sie sollte auch die Bedeutung von »Freiheit« und »Liebe« kennen und verstehen, daß diese beiden Wörter für den Zwilling das gleiche meinen. Es wird helfen, Streitigkeiten einzuschränken.

Was die körperliche Vereinigung angeht, so ist er einer der wenigen Männer, der ihr die stimmungsvollen Illusionen schaffen kann, die für sie notwendig zum Sex gehören. Sie ist überzeugt, daß im Moment des Höhepunkts die Glocken wirklich klingen. Mit dem Zwillings-Mann könnte sie diese Glokken vielleicht tatsächlich hören, da seine Vorstellungskraft all die Phantasien heraufbeschwören kann, die für die Erfüllung ihrer romantischen Aschenbrödel-Träume notwendig sind.

Auf Grund dieses Einfühlungsvermögens verlieben sie sich manchmal auf den ersten Blick (beide Sonnenzeichen sind für schnelles Reagieren bekannt). Später braucht es allerdings mehr als Phantasien, damit ihre Liebe Nahrung hat, wenn die Neigung des Zwillings, eine ganz enge Bindung zu vermeiden, ihre völliges Engagement fordernde Vorstellungen von der Liebe, die nicht nur Illusionen beinhalten, nicht erfüllen. Sie könnte spüren, daß er sich nie ganz gibt, auch in intimen Begegnungen, und sie könnte recht damit haben. Mit dem Widder-Instinkt gibt sie selbst alles und hält nichts zurück. Die Neigung des Mars zur Direktheit bestimmt auch ihre leidenschaftliche Hingabe. Es könnte passieren, daß der Zwilling durch seine »luftige« (er ist ja in einem Luftzeichen geboren) Einstellung zur körperlichen Liebe die natürliche Leidenschaft der Widder-Frau nicht wecken kann. Möglicherweise fühlt sie, daß ihre romantischen Vorstellungen ihren Zauber verlieren, wenn niemand sie mit einem Funken belebt, und dann wird sie gelangweilt – oder, viel schlimmer, frigide.

Diese heikle Beziehung ist erfolgversprechender, wenn der

Mond bzw. Aszendent seines Geburtshoroskops in einem Feuerzeichen steht. Der Zwillings-Prinz kann die Widder-Prinzessin zwar wachküssen, aber sie wird wieder in Schlaf versinken, falls es an Leidenschaft mangelt.

Widder-Mann – Zwillinge-Frau

Falls sie sich nicht in der Schule kennengelernt und kurz danach geheiratet haben, (was bei diesen Sonnenzeichen ziemlich oft passiert, da sie es immer eilig haben), könnte der Widder-Mann an dem früheren Liebesleben seiner Zwillings-Frau, das der Durchschnittsbürger leicht als zu ausschweifend beurteilt, Anstoß nehmen. Das soll nicht heißen, daß sie wahllos jeden Partner nimmt; allerdings muß sie viele Erfahrungen durchstehen, bevor sie einen ihr ebenbürtigen Mann findet.

Es gibt Phasen, da glaubt die Zwillings-Frau, daß eine vergangene Liebe die goldenen Möglichkeiten für sie beinhaltete. Aber bevor sie erkennt, daß dies nur Illusion ist, hat sie den Widder-Mann verloren. Der Widder-Mann kann die Nostalgie seiner Frau, alte Liebschaften zu beweinen, nie verstehen, obwohl er sich selbst im Frühling gern an seine Verflossenen erinnert. Die alte Widder-Selbstsucht! Er darf –, sie aber nicht. Warum? *Seine* Nostalgie ist über jeden Verdacht erhaben und hat keine Folgen. *Ihrer* Nostalgie mißtraut er jedoch (die verborgene Unsicherheit des Widders).

In ihrer Beziehung gibt es neben den unleugbaren Höhepunkten auch Fallgruben, einen möglichen Mangel an Willenskraft und Stabilität. Der Widder besitzt Unmengen von Tatendrang und Energie; Ausdauer gehört jedoch nicht zu seinen Stärken. Da der Mann unbewußt die ihm fehlenden Eigenschaften sucht, steht er bei einer Zwillings-Frau möglicherweise auf unsicherem Boden.

Er schätzt ihre Meinungen und ihr kreatives Denken, kann daraus geschäftlichen und beruflichen Nutzen ziehen; deshalb arbeiten beide gewöhnlich während der Ehe und schon vorher gemeinsam. Sie bilden meistens ein unschlagbares Team. Er weiß genau, was er will, und sie hat viele Ideen, um zu helfen, seine Pläne zu verwirklichen. Schließlich kann er sie auch besser beobachten, wenn sie bei ihm ist. Ihre merkurische Neigung zum (meist) harmlosen Flirt gießt Öl in das Feuer seiner Eifersucht, und um dieses Feuer einzudämmen, sind alle Mittel recht.

Ein Widder-Mann und seine Zwillings-Frau werden sich niemals – auch nach jahrelanger Ehe nicht – im Restaurant Zeitung lesend gegenübersitzen oder gelangweilt andere Gäste beobachten und sich gegenseitig ignorieren, wie es so viele Paare leider tun, nachdem die erste Liebe abgekühlt ist. Der Widder und der Zwilling haben sich immer etwas zu sagen, manchmal zuviel.

Hin und wieder bildet sich die Zwillings-Frau Sachen ein, die ganz einfach unwahr sind. In ihrer Phantasie existieren Gespräche, die nichts mit der Realität zu tun haben, und sie erzählt ihrem Widder-Mann davon (ihre Phantasie füllt Momente der Langeweile mit anregenden Unterhaltungen).

Später weckt die ehrliche Hälfte ihres Zwillings-Bewußtseins ihr Gewissen, indem es sie sanft, aber beständig daran erinnert, daß sich die Angelegenheit nicht ganz so zugetragen hat, wie sie sie ihrem Widder so farbenprächtig geschildert hat. Wenn sie dann ihre Karten auf den Tisch legt, sollte er seinen Wutausbruch zügeln und ihren Versuch, Realität von Phantasie zu trennen, mit Zärtlichkeit anerkennen. Denn die Zwillings-Frau ist zerbrechlich. Ihr Lebensweg ist nicht wie der seine vom feurigen Krieger Mars geschützt, sondern von dem unberechenbaren Zauberer Merkur, der sich oft gerade in dem Moment versteckt, wenn sie die Weisheit des sie beherrschenden Planeten am nötigsten hätte.

Wenn sie will, kann manche Zwillings-Frau mit ihrer messerscharfen Zunge und ihrem brillanten Scharfsinn geistigen Terror ausüben, was bestimmt kein heilender Balsam für das männliche Selbstvertrauen des Widders ist.

Dieser Mann und diese Frau glauben anfangs, daß sie in sexueller Hinsicht ein ideales Paar bilden. Der Widder träumt davon, den Liebesgarten auf dem fliegenden Teppich zu erreichen, genau wie in Tausendundeiner Nacht, und die Zwillings-Frau spielt ihre Rolle in seinem Traumspiel bis zur Vollkommenheit. Sie geht nicht nur auf das Spiel ein, sie hat auch immer neue Ideen, die ihn noch lange nach den Flitterwochen faszinieren.

Der Ausdruck seiner Sexualität ist direkt und intensiv, der der ihren eher ausweichend ud komplizierter. Er genießt es, sich der Liebe auf dem Weg der romantischen Phantasie zu nähern, aber er möchte seinen Durst in einem Strom purer und ehrlicher Leidenschaft stillen, wenn er sein Ziel erreicht hat. Es gibt einen Hauch von Unantastbarkeit in ihrer Einstellung zur körperlichen Liebe in dem Maße, daß er ihr geistige Abwesenheit während ihrer intimen Begegnungen vorwirft, und sie könnte ihm dieses männliche Eindringen in ihre nur für sie reservierte Gedankenwelt übelnehmen. Dieser Mann braucht seine Tagträume in Verbindung mit sexueller Vereinigung, aber sie haben ihre Ziele und ihren Platz. Für ihn ist der letzte Akt ihres Liebesdramas nicht der geeignete Platz.

Manchmal hat er das Gefühl, daß sie etwas sucht, das nie existiert hat; und dabei übersieht er, daß sie mit ein bißchen mehr Zärtlichkeit von seiner Seite ihre lebhaften Vorstellungen in ebenso liebliche Realitäten verwandeln könnte. Zwillings-Phantasien projizieren ein wahres Bild von dem, was sein *könnte.*

Diese ewig jungen Menschen könnten viele glückliche Jahre zusammen die gleiche Musik hören und im gleichen Takt tanzen. Vorausgesetzt, *sie* versteht, daß seine Eifersucht und sein launenhafter Zorn von der emotionalen Verletzbarkeit des Widders herrühren, und *er* respektiert ihre Liebesaffäre mit ihrem Zwillings-Selbst.

Er ist aufgeweckt und mutig, so freundlich, offen und begeisterungsfähig. Sie ist so durchaus weiblich, charmant, vielseitig und spontan. Wenn keiner von beiden versucht, den anderen zu ändern, werden sie ihr Leben lang jung bleiben.

Die Widder-Krebs Beziehung

Ein Krebs, den ein elanvoller Widder zu immer neuen Aktivitäten auffordert, wird leicht etwas angespannt und gereizt. Da die körperlich-emotionale Konstitution des vom Mond beherrschten Krebses empfindlicher und wechselhafter ist, können Widder mit ihrer übersprudelnden Mars-Begeisterung, von der auch die ruhigeren »Lamm«-Typen der Widder gelegentlich erfüllt sind, auf ihn sehr erschöpfend wirken. Deshalb kommt es dem entschlossenen, etwas unbekümmerten Widder häufig so vor, als hätte der Krebs an seinem (oder ihrem) Verhalten etwas auszusetzen.

Es ist richtig, daß sich die Krebse wesentlich wohler fühlen, wenn der impulsivere Mars-Rhythmus ein wenig gebremst werden könnte, so daß er besser zu ihrer eigenen, etwas verhaltenen Lebensweise paßt.

Die wenigsten Leute merken, mit welcher Verbissenheit Widder-Frauen, -Männer und -Kinder nach Anerkennung suchen, während sie in ihrer impulsiven, gedankenlosen Art herumhasten und fieberhaft darum buhlen, abgewiesen zu werden. Zu den wenigen, denen das bewußt ist, gehören die Krebse, die selber ausgesprochen leicht verletzt sind. Auch wenn sie den Eindruck vermitteln, als würden sie über die Unrast der Widder nur die Stirn runzeln, spüren sie mit ihrer scharfen Wahrnehmungsfähigkeit, daß die Widder nicht immer so robust sind, wie sie sich geben.

Wenn der Sonne-Mond-Aspekt zwischen ihren Geburtshoroskopen harmonisch ist, kann diese Verbindung von einem überraschend großen finanziellen Erfolg und von einem guten emotionalen Einklang gekennzeichnet sein. Wenn sich jedoch ihre Planeten oder Aszendenten in einem negativen Aspekt befinden, dann werden sie einige große Hindernisse überwinden und harte Proben bestehen müssen, wenn ihre Beziehung von Dauer sein soll.

Der Widder möchte gern – und muß auch – immer gewinnen. Der Widder übernimmt auch gern die Führung. Nun hat der Krebs gegen Gewinnen und Führungsübernehmen auch nichts einzuwenden, denn der Krebs ist in einem Kardinalzeichen mit Führungsanspruch geboren, auch wenn er (oder sie) diesen Wunsch, die Führung zu übernehmen, hinter einem Schleier vorgetäuschten Desinteresses verbirgt. Der Widder ist ebenfalls ein Kardinalzeichen, und da die Hörner des Widders genauso widerstandsfähig sind wie die Schale des Krebses, kann man sich sehr gut vorstellen, daß es zu einigen Scharmützeln darüber kommen wird, wer sich wessen Führung anvertraut. Dem Krebs bereiten Kompromisse nicht so große Schwierigkeiten, deshalb muß gewöhnlich der Krebs den ersten Schritt zu einem Waffenstillstand machen.

Für den Widder ist das Leben eine einzige große Herausforderung. Sowie sich ein Konflikt am Horizont zusammenballt, blüht der Widder auf, stellt sich tapfer der Herausforderung und spürt schon die explosive Aufregung, sie siegreich bestanden zu haben. Dagegen ist gar nichts zu sagen, solange der Widder ab und zu auch einmal innehält, um sich klarzumachen, daß es außer ihm (oder ihr) auch noch andere Menschen auf der Welt gibt und daß auch sie Gefühle haben. Es ist nicht die Absicht der Widder-Menschen, auf den Gefühlen anderer Leute herumzutrampeln, aber sie sind so sehr damit beschäftigt, das zu erreichen, was sie sich vorstellen.

Eines der Probleme zwischen Widder und Krebs besteht darin, daß beide sehr leicht zu verletzen sind. Widder sind sich dieser Schwäche kaum oder überhaupt nicht bewußt, denn sie verträgt sich nicht mit ihrem Bild von ihrer eigenen Stärke. Wenn also ein Widder verletzt ist, dann besteht seine vom Mars beeinflußte Reaktion darin, daß er das entweder sofort abstreitet oder wütend wird und zum Angriff übergeht. Der Krebs verbirgt seine Verletzlichkeit sehr sorgfältig, seine typische Reaktion, wenn er verletzt ist, besteht darin, sich in seinen Krebspanzer zurückzuziehen und zu schmollen. Der andere (der Widder), der durch die Rückzugsstrategie des Krebses völlig frustriert ist und keine Möglichkeit sieht, irgend etwas zu unternehmen, um die Meinungsverschiedenheit auszuräumen, wird daraufhin wahrscheinlich wütend und läßt einen Schwall von Worten los, gefolgt von einer übertriebenen Aktivität, mit dem zu erwartenden Effekt, daß der Krebs sich noch tiefer in schmollendes Schweigen vergräbt.

Es trifft schon zu, daß Krebse sich völlig zurückziehen, wenn jemand ihre Gefühle verletzt hat, und daß sie im allgemeinen zu den ruhigen, nachdenklichen Leuten gehören, doch keinesfalls sollten die Widder sie für leidenschaftslos, leicht beeinflußbar und nachgiebig halten. Sie kämpfen vielleicht nicht gerade mit flammendem Mars-Schwert und gehen an Hindernisse lieber gelassen, diskret und geduldig heran, doch keinesfalls sind Krebse zitternde, weichliche Angstbündel. Die Fähigkeit, sich an einem Vorhaben festzuklammern, bis er das erreicht, was er will, sollte niemals übersehen oder unterschätzt werden.

Widder und Krebs haben andersgeartete Motivationen, eine unterschiedliche Lebenshaltung – und verschiedene Zielvorstellungen. Doch wenn jeder dem anderen von seinen guten Seiten etwas abgibt, so bedeutet das für das Leben beider eine große Bereicherung. Sie sind eine Verbindung zwischen Feuer und Wasser eingegangen. Deshalb ist beiden von ihnen im Unterbewußtsein klar, daß der andere ihn (oder sie) vernichten kann. Zuviel Widder-Feuer kann dazu führen, daß die empfindlichen Gefühle des Krebses verdorren. In zuviel Krebs-Wasser werden die begeisterten, schillernden Hoffnungen des Widders ertränkt. In der Astrologie versinnbildlicht das Feuer Optimismus, Wasser dagegen Pessimismus. Diese beiden Elemente scheinen also unvereinbar zu sein; Pessimismus ist jedoch nur ein anderes Wort für Vorsicht – die der Widder lernen könnte – und Optimismus ist ein anderes Wort für Vertrauen – das der Krebs lernen sollte. Wenn beide sich die Mühe machen, einander zu verstehen, warum sollten Widder und Krebs dann keine glückliche Beziehung aufbauen?

Widder-Frau – Krebs-Mann

Wie alle unter einem männlichen Sonnenzeichen geborenen Frauen, die zudem von einem männlichen Planeten beherrscht werden (in diesem Fall ist es Mars), hat auch die Widder-Frau heimliche Zweifel an ihrer Weiblichkeit. Schon seit der Tanzstunde läßt sie sich nur ungern von einem Partner führen.

Die meisten Männer, mit denen sie eine Sohle aufs Parkett legte, wurden von Panik ergriffen, wenn sie in der Beziehung mit dieser Frau nicht das Tempo und den Rhythmus angeben durften, und da nun einmal alle Männer an den Mythos ihrer männlichen Überlegenheit glauben, schreckte sie die selbstbewußt auftretende Widder-Frau ab, und sie suchten sich bald ein anderes Mädchen, das bereit war, sich ihren Überlegenheitsphantasien zu fügen. Die Widder-Frau ist viel zu aufrichtig, um es ihren unterwürfigeren Sonnenzeichen-Schwestern nachzutun, die vorgeben, dem Mann bei allem die Initiative zu überlassen, während sie hinter seinem Rücken lächelnd amüsierte Toleranz zeigen.

Nach einigen schmerzlichen Erfahrungen entwickelt die Widder-Frau verständlicherweise mit der Zeit innerlich ein Trauma, wenn sie darüber nachdenkt, ob sie als Frau begehrenswert ist. Und dann kommt ein Krebs daher und macht ihr mit ehrerbietiger und galanter Artigkeit den Hof. Kein Wunder, daß es eine berauschende Erfahrung für sie ist. Es kann sein, daß sie sich in seiner Gegenwart das erste Mal wirklich wie eine Frau fühlt.

Sie liebt ihn von ganzem Herzen, von ganzer Seele, mit all ihrem Verstand und all ihrem Sein. Das müßte ausreichen – sehr wahrscheinlich jedenfalls – für einen Krebs-Mann. Doch es gibt für Widder andere Reibungsflächen mit Krebsen.

Beide sind ausgesprochen eifersüchtig. Der Hauptunterschied besteht darin, daß der Krebs das mehr genießt. Natürlich trifft es auch ebenso sehr zu, daß seine Krebs-Eigenschaft, sich anzuklammern, wenn es um die Liebe geht, ein Hinweis dafür ist, wieviel er von Treue und Ergebenheit hält. Und dagegen hat sie nichts einzuwenden. Ihrer Meinung nach ist das das mindeste, was sie von wahrer Liebe erwarten kann. Erst wenn seine treue Ergebenheit ganz langsam und unmerklich in ein Umklammern übergeht, wird sie sich immer mehr eingeengt fühlen, so daß wütende Rebellion in ihr aufflammt.

Von diesen beiden Sonnenzeichen ist dem einen Geld, Ruhm und Anerkennung ebenso wichtig wie dem anderen. Doch der Krebs kann seinen Ehrgeiz besser verbergen. Obwohl sie sich in ihrem Streben nach emotionaler Sicherheit und finanziellem Erfolg einig sind, bestehen grundlegende Widersprüche zwischen ihren Vorstellungen darüber, wie beides zu erreichen ist – und auch darüber, wie das Geld ausgegeben werden soll, wenn welches da ist.

Für einen Widder ist es unverständlich, daß der Krebs zu gewinnen hofft und gleichzeitig mit seiner Niederlage rechnet. Aber der Krebs hat etwas, das den mutigen Widder-Optimismus leicht wieder wettmacht – und das ist seine hartnäckige, zähe Zielstrebigkeit.

Es hat wenig Sinn, das einer Widder-Frau klarmachen zu wollen. Das Wort »Entschlossenheit« ist ihr ein Begriff, doch das Wort »Hartnäckigkeit« kennt sie nicht, denn ihre hervorstechendste Eigenschaft besteht im genauen Gegenteil – Ungeduld. Hartnäckigkeit, das heißt warten, und diese Frau haßt nichts mehr, als auf irgend etwas oder irgend jemand warten zu müssen.

Es gibt mehrere mögliche Lösungen, um aus diesem Dilemma herauszukommen. Angesichts seiner Depressionsanfälle wird sie vielleicht völlig mutlos und beschließt am Ende, daß sie gehen muß, wenn sie nicht weiterhin mitansehen möchte, wie alle seine flammenden Inspirationen in seinem wäßrigen Krebs-Pessimismus untergehen. Sie kann aber auch versuchen, ihn in seinen melancholischen Phasen mit ihrer starken Mars-Zuversicht aufzuheitern, indem sie seinen Lebensgeistern durch ihren Mut und ihren Humor wieder Auftrieb verschafft.

Weiterer Ärger könnte dadurch entstehen, daß dieser Mann gern Geheimnisse für sich behält. Die Widder-Frau gleicht nicht annähernd so stark der Sphinx wie er. Wenn der Krebs sich weigert; ihr mitzuteilen, was er denkt, dann stellt sie sich die abwegigsten Dinge vor und quält sich so sehr, bis sie sich in einen Anfall von Mars-Hysterie hineingesteigert hat. Er wird (hoffentlich) sehr bald dahinterkommen, daß ein Leben mit ihr auf lange Sicht friedlicher verlaufen wird, wenn er mit ihr ins reine gekommen ist; es darf nichts ungeklärt bleiben. Wenn er sich einkapselt, wird sie nicht lockerlassen, bis sie feststellt, daß es keinen Sinn hat; dann beschließt sie, daß das Ganze den Energieaufwand und das Herzeleid nicht wert ist und verläßt ihn vielleicht. Ganz überraschend, ohne Vorwarnung. Es sollte nie vergessen werden, daß der Widder keine Zeit auf eine Sache verschwendet, die er für unabänderlich befunden hat.

Auch in ihrem Sexualleben werden einige Anpassungen notwendig sein. Wenn sie frisch verliebt sind, gibt ihr seine zärtliche Aufmerksamkeit gegenüber ihren Wünschen und Bedürfnissen das Gefühl, von ihm verehrt zu werden, und das verschafft ihr emotionale Sicherheit. (Beide haben die fixe Idee, daß sie emotionale Sicherheit brauchen.) Zu Beginn ihrer Liebe ist er ein fabelhafter Liebhaber. Ein Krebs entwickelt im Schlafzimmer genausoviel Phantasie, Einfühlungsvermögen und Klugheit wie im Bankwesen. Daß sie so offen ist und keinerlei Hintergedanken hat, wenn es um Sexualität geht, daß eine fast unbewußte Verletzlichkeit in ihr schlummert, bewegt ihn tief. Egal, was sie bisher für Erfahrungen gemacht hat, jedesmal bringt sie wieder eine gewisse frische Unschuld in eine neue Beziehung hinein – und wenn sie jemanden liebt, so sind ihre Gefühle wild und leidenschaftlich, sie gibt sich ganz und gar und ist dabei völlig aufrichtig, und *daraus* zieht *er* seine emotionale Sicherheit. Wenn er in seinen sexuellen Gefühlen verletzt wird, dann brütet er lange Zeit passiv vor sich hin, oder, was noch schlimmer ist, er könnte versuchen, im Alkohol Trost zu finden.

Was die Sonnenseite dieser Beziehung anbelangt, so kann ein Krebs äußerst amüsant und unterhaltsam sein. Seine unglaubliche Sensibilität und seine zuvorkommende und beschützende Art bringen die Weiblichkeit seiner Widder-Frau zur vollen Entfaltung. Insgeheim ist er stolz auf ihre Couragiertheit und ihren wachen Geist, auch wenn er sich manchmal über ihre Unreife beschwert; mit der Zeit vertraut er auch darauf, daß er von ihr die emotionale Unterstützung bekommt, die er braucht.

Der Krebs ist ein Mann, der sich seiner Gefühle nicht schämt. Er hat sehr viel für Musik, Kunst und Lyrik übrig, und wenn er gerührt ist, dann schießen ihm die Tränen in die Augen – und die Widder-Frau braucht sehr viel zärtliche, liebevolle Zuwendung, denn in ihren Gefühlen ist sie ein Kind, unabhängig von ihrem Alter. Wenn sie ihre Widder-Unternehmungslust mit seiner Krebs-Hartnäckigkeit verbindet, können sie beide Wunder vollbringen. Ihre Geburtssonnen stehen in Quadratur zueinander, deshalb brauchen sie sehr viel Geduld – und sehr viel Liebe. Aber ist das nicht bei allen Dingen so?

Widder-Mann – Krebs-Frau

In einem Widder-Mann erwacht das Interesse an einer Krebs-Frau, weil sie so anziehend hilflos und feminin wirkt (Anmerkung: Ich habe gesagt, sie *wirkt* hilflos. Anziehend und feminin ist sie ganz bestimmt.) Sie macht den Eindruck, als brauche sie seine starke männliche Schulter zum Ausweinen und außerdem seinen glühenden emotionalen Rückhalt.

Wenn die Mond-Jungfrau einem Widder ihre schmeichelhafte, ungeteilte Aufmerksamkeit schenkt, so ist das für ihn der Beweis für etwas, das er schon immer vermutet hatte, nämlich daß keine Frau ihm widerstehen kann. Sie kocht für ihn, umsorgt ihn, lacht über seine Witze, erzählt selber auch ein paar gute. Es ist wunderschön, mit Aufmerksamkeit überschüttet zu werden, doch der Widder-Mann zieht da eine Grenze, wo ihm seine Freiheit beschnitten wird. Nun ist es wahr, daß eines Mannes Freiheit von niemandem so schmerzlos und angenehm beschnitten wird wie von einer Krebs-Frau. Wenn sie behutsam ist, wie es die meisten dieser vom Mond beherrschten sind, dann wird die Reise auf ihrem fliegenden Liebesteppich für den Widder-Mann ein aufregendes Erlebnis (hinter ihren Kniffen, ein gemütliches Zuhause zu schaffen, verbirgt sich eine tiefsitzende Wanderlust, müssen Sie wissen.) Wenn der Krebs sich jedoch zu fest anzuklammern beginnt, dann hüpft der Widder-Mann wahrscheinlich vom Teppich, wenn es sein muß, auch ohne Fallschirm.

Zu ihrer Hilflosigkeit: Früher oder später kommt er dahinter, daß er einer Täuschung aufgesessen ist. Der Krebs ist ein Kardinalzeichen, und Frauen, die unter diesem Zeichen geboren sind, besitzen neben ihrer ganzen Mondscheinzerbrechlichkeit eine unerhörte Ausdauer und Hartnäckigkeit. Wenn er den ersten Schock überwunden hat, bewundert er sie wahrscheinlich deswegen. Jede Art von Stärke flößt ihm Bewunderung ein, und sie ist stärker, als ihre schüchternen Tränen, nachdem er sie verletzt hat (was wahrscheinlich häufiger vorkommt), vermuten lassen.

Doch es gibt noch mehr falsche Töne, die die Liebesharmonie zwischen diesen beiden Sonnenzeichen empfindlich stören können – zum Beispiel das liebe Geld. Sie steht unter einem richtigen Zwang, es anzuhäufen, ja sogar das Schlafzimmer, die Küche und das Kinderzimmer damit zu tapezieren (das sind ihre drei Lieblingszimmer). Finanzielle Sicherheit ist für sich gleichbedeutend mit emotionaler Sicherheit. Er hat auch gerne Geld und kann sich Hunderte von spannenden Möglichkeiten ausdenken, was er alles damit anfängt; es jedoch in einer rostigen alten Truhe auf dem Dachboden zu verstecken oder in einen Banktresor zu legen, um einen Notgroschen zu haben, davon steht nichts ganz oben auf seiner Liste. Nach Ansicht der Widder ist Geld dazu da, ausgegeben (oder verschenkt) zu werden.

Es wird nicht lange dauern, bis ihm ihre Launenhaftigkeit auffällt. Natürlich hat auch er seine Launen, aber das ist etwas ganz anderes, und außerdem ist es verständlich. Bei Widdern ist alles anders und verständlich, wenn sie so sind – außerdem ist es gerechtfertigt, zulässig und auch zu entschuldigen. (Sie dürfen nicht vergessen, daß der Widder das liebenswerte, aber völlig egozentrische Kleinkind der Tierkreiszeichen ist.) *Ihre* Launen sieht er als unwillkommene feuchte Gefängnisse des Trübsinns an, und sie sind zugegebenermaßen auch tiefer, finsterer und der Aufenthalt darin von längerer Dauer als bei ihm. Manchmal kommt es vor, daß ein Widder eine Krebs-Frau mit seinem bloßen Optimismus so sehr aufmuntert, daß er sie damit aus ihrer zeitweisen Mond-Melancholie befreien kann. Er fühlt sich dadurch stark und männlich, und sie bekommt die emotionale Sicherheit, die sie braucht.

Ihre Mond-Phantasie bringt seine Mars-Sexualität sehr schnell zum Entflammen, und die begeisterte, idealistische Art, mit der er sie liebt, lockt sie aus ihrer Schale, in der sie sich scheu oder schnippisch verkrochen hat, und führt sie in die Geheimnisse wundervoller Erfüllung und ewiger Leidenschaft ein. Der Widder ist in der Liebe ein so aufmerksamer und zärtlicher Partner, daß ein Wesenszug in ihr zum Vorschein kommt, der schüchtern hinter ihrem etwas überdrehten Lachen verborgen war, bis der richtige Mann vorbeikam, um ihn zu entdecken. Unglücklicherweise flüstert ihr ihr angeborener Sinn fürs Praktische sehr bald ein, daß der Mensch nicht von Luft und Liebe leben kann. Und wenn sie dann in zärtlichen Stunden plötzlich anfängt, über Geld zu reden, können sich *wirklich ernste* Auseinandersetzungen daraus ergeben.

In jeder Widder-Krebs-Beziehung gibt es Geldstreitigkeiten, daß es nur so funkt – und zwar geht es darum, wie das Geld am besten herangeschafft wird und wie man es am besten anlegt. Er neigt zur Verschwendungssucht, sie ist knickerig. Das heißt, normalerweise ist sie sparsam, jedenfalls so lange, bis sie einer ihrer vielen Stimmungsschwankungen ausgesetzt ist, die durch die Mondphasen ausgelöst werden.

Vielleicht bringt er kein Verständnis für die Empfindlichkeit ihrer Gefühlswelt auf und kann ihren Stimmungsschwankungen einfach nicht folgen. Eine gute Auffassungsgabe war noch nie die Stärke des Widders. Er ist also meistens völlig fassungslos. Dem Widder-Mann sei gesagt, daß es am einfachsten ist, eine Krebs-Frau glücklich zu machen, wenn man dafür sorgt, daß sie immer sehr viel Liebe, genug zu essen und ausreichend Taschengeld bekommt. Sie ist nicht habgierig; sie besitzt nur ein sehr stark ausgeprägtes Sicherheitsbedürfnis, und das ist etwas ganz anderes. Etwas habe ich noch vergessen. Wenn sie eine typische Mond-Dame ist, dann gehören zu der Aufzählung noch – viele Kinder. Nun, auf jeden Fall *ein paar*.

Er möchte seine Kinder zur Selbständigkeit erziehen. Auch wenn er seine Kinder bevormundet und sehr viel von ihnen verlangt, so besteht seine Grundeinstellung jedoch darin, ihnen sehr viel Raum für ihre eigene Entwicklung zu lassen. Sie nimmt ihre Mutterrolle ernst, sehr ernst. Sie hat alles unter ihrer Kontrolle; was ihre Kinder essen, was sie anziehen, in wen sie sich verliebt haben, was sie für einen Beruf ergreifen und wie es um ihre Gesundheit bestellt ist. Sie wird sie verhätscheln und gut auf sie aufpassen – natürlich alles durch freundliches Überreden. Mama weiß, was das beste für sie ist. Und das kann dazu führen, daß er ihr vorwirft, sie ließe nicht genug Raum für Individualität – und sie wirft ihm dann wiederum vor, daß er zu streng sei und sich den Kindern nicht genügend zuwende. Sie müssen auf jeden Fall bei der Kindererziehung zu einem Kompromiß kommen, sonst bekommt diese Beziehung einen tiefen Riß, der nicht mehr zu kitten ist.

Wie sehr der Widder in der Lage ist, Liebe zu geben und zu empfangen, hängt sehr davon ab, wie sehr er sich als der starke Mann fühlt. Er braucht Handlungs- und Bewegungsfreiheit. Seine Frau muß völlig darauf vertrauen, daß er in der Lage ist, Berge zu versetzen. Sonst kann er wegen seiner enttäuschten Gefühle ein sehr merkwürdiges, neurotisches Verhaltensmuster entwickeln, und aus einem mutigen Widder wird ein mickriges, unglückseliges Schaf. Er ist dann wie verhext. Auf jeden Fall sollte sie alle Bemerkungen, durch die seine Männlichkeit in Frage gestellt wird, für sich behalten. Wenn sie ihm die Führung überläßt, ohne dauernd alle seine Hoffnungen zunichte zu machen, dann wird er in der Lage sein, ihre Sorgenberge und geheimen Ängste für immer zum Verschwinden zu bringen.

Die Widder-Löwe Beziehung

Vor dem Symbol des Sonnenzeichens Löwe hat fast jeder Respekt. Was die Widder betrifft, so werden sie die reinsten Lämmer, wenn sie erst einmal (beim Löwen) die noblen Freuden der Unterwerfung kennengelernt haben. Die Persönlichkeit des Widders muß sich der Majestät des Löwen beugen und fügen, denn die Löwin und der Löwe sind zum Führen geboren, zum Herumkommandieren, sie sind geboren, um an der Spitze zu stehen – sie sind zur Freiheit geboren! Und das heißt, daß sie frei von jeglicher Bevormundung sein müssen, sei es durch die Regierung, das Finanzamt, Vorgesetzte, Lehrer, Nachbarn, Freunde, Verwandte, Astrologen – und vor allem durch aufdringliche Widder. Die Widder-Hälfte in dieser Beziehung muß sich mit dem Bewußtsein begnügen, daß sie oder er es mit jedem anderen Sonnenzeichen aufnehmen kann und gewinnt . . . (allerdings vielleicht nicht, wenn es sich um den Skorpion handelt).

Doch noch ist nicht alles verloren. (Der Widder geht davon aus, daß überhaupt nichts verloren ist, sondern nur ein bißchen außer Kontrolle geraten.) Wenn ich feststelle, daß der Widder gegen einen Löwen nicht gewinnen kann, meine ich damit, daß er die Trophäen nicht in Gegenwart des Publikums an sich nehmen kann. Privat kann der Widder beinahe alles vom Löwen haben, indem er einfach nur andächtig den langen Vorträgen des Löwen lauscht, danach eine Lobeshymne anstimmt – und seine eigenen Absichten und Meinungen für sich behält. Das bereitet keinerlei Schwierigkeiten. Dem Widder gefällt es, Leute bei Laune zu halten und jeden mit Komplimenten zu überschütten, der seine Mars-Bewunderung für Macht und Stärke erregt (und der Löwe besitzt beides im Überfluß). Dem Widder fällt es aber ausgesprochen schwer, das dadurch Erreichte für sich zu behalten.

Wenn es die Situation der Löwin oder dem Löwen unmöglich macht, hocherhobenen Hauptes den Ort des Geschehens zu verlassen, weil ihr oder sein Stolz verletzt wurde (zum Beispiel bei einem Kind oder wenn es um den angetrauten Ehepartner geht), dann verzieht sie oder er sich beleidigt in eine Ecke, blickt mit traurigen Augen vorwurfsvoll in die Gegend und frönt ihrer und seiner Eitelkeit.

Der Widder würde einem Löwen in der Hitze des Gefechts (oh, ja! Gefechte wird es mehr als genug geben) eher unmißverständlich klarmachen, daß er entweder einzulenken hat oder ihm aus dem Wege gehen soll. Und damit kommen sie sofort in eine Sackgasse der Emotionen. Da es für einen Löwen ein Ding der Unmöglichkeit ist, nachzugeben, es aber feige und unter seiner hoheitlichen Würde wäre, wegzugehen (welcher wahre Monarch wäre je abgetreten?), bleibt dem Löwen oder der Löwin nichts anderes übrig, als noch lauter und mit noch größerer Überheblichkeit zu brüllen. Und wenn der Widder gegen den großen Mut und die Ausdauer (auf seelischem, geistigen und physischen Gebiet) nicht ankommen kann, dann ist der Streit bis auf das Anbrüllen schon beigelegt, denn beide Sonnenzeichen lieben dramatische Reden und Gesten.

Zwar wird der Löwe am Ende zwangsläufig der Stärkere sein, das heißt aber nicht, daß dieses Sonnenzeichen ein furchterregender Eroberer ist.

Die Beziehung zwischen Widder und Löwe, gleichgültig, ob sie innerhalb des Familienkreises, in Beruf oder Büro besteht, ist voller Wärme und Glück, solange der Widder bereit ist, zum Löwen aufzuschauen und ihn als Führer, Ratgeber und Lehrer zu akzeptieren – und solange der Löwe den Widder fortwährend mit der angenehmen Wärme, der gütigen und freundlichen Liebenswürdigkeit und seinem Beistand umgibt, die ihm, dem von der Sonne Beherrschten, so leichtfällt. Im großen und ganzen ist diese Verbindung erfolgreich, wenn auch nicht immer friedlich. Der Löwe geizt nicht mit aufrichtigen und überschwenglichen Komplimenten, etwas, was der Widder braucht wie die Luft zum Atmen. Und umgekehrt trifft das auch zu, umgekehrt voll und ganz. Sowohl Widder als auch Löwe suchen Anerkennung nicht nur, sondern sie fordern sie ganz offen.

Ein Anlaß für Ärger zwischen den beiden bieten diese endlosen gelehrten Abhandlungen, die der Löwe von sich gibt. Da der Widder im täglichen Leben sowieso schon genug Ärger mit Leuten hat, die alles besser wissen, kann es sein, daß ihm der kurze Mars-Geduldsfaden reißt, wenn er jeden Abend beim Essen noch einmal das gleiche durchmachen muß . . . doch ich werde Ihnen ein Geheimnis verraten. Insgeheim sieht der Widder dem Löwen in Wirklichkeit sehr viel nach und weiß den so freigiebig und unablässig erteilten Rat aufrichtig zu schätzen, in sehr viel stärkerem Maß, als er oder sie das zugibt. Der Grund dafür kann darin liegen, daß die Ratschläge, die ein Löwe einem Widder gibt, sehr oft auf aufrichtiger Zuneigung und Besorgnis beruhen. Widder haben eine liebevolle Anleitung bitter nötig, und es bestehen sehr gute Aussichten, daß ein Löwe oder eine Löwin sie ihnen geben können. Sie muß aber wirklich liebevoll, nicht etwa autoritär und voller Arroganz erteilt werden.

Wenn sie aufeinander Rücksicht nehmen, dann kann dies eine einmalige, ganz besondere Beziehung sein, denn der Löwe spürt, daß sich hinter der lärmenden, beherzten Persönlichkeit des Widders sehr viel Unsicherheit und Abhängigkeit verbirgt, und er weiß, daß die vom Widder zur Schau getragene Sicherheit nicht auf innerem Selbstvertrauen beruht. Der Widder wird sich mehr und mehr auf den Löwen verlassen können, einmal, weil der Löwe einen kühlen Kopf behält und jedem Sturm standhält, zum anderen auch deshalb, weil er eine heitere Natur besitzt und damit jedem Augenblick im Leben Wärme und Sinn geben kann.

Widder und Löwe finden ineinander den Reiz, nach dem sie ständig auf der Suche sind. Beide sind im Grunde ausgesprochen dynamische Persönlichkeiten, von dem Wunsch beseelt, das Leben in vollen Zügen zu genießen und nichts auszulassen.

Selbst wenn sie unterschiedliche Ziele verfolgen, kommen beide am liebsten in der ersten Klasse an ihrem Bestimmungsort an, es sei denn, daß sich bei einem der beiden der Mond oder der Aszendent bei ihrer Geburt in einem finanziell ein wenig zurückhaltenderen Zeichen, zum Beispiel im Krebs, im Skorpion oder in einem der drei Erdzeichen, befunden hätte. Dabei ist mit der »ersten Klasse« nicht nur das Materielle gemeint, sondern alles andere auch.

Widder-Frau – Löwe-Mann

Obwohl eine Liebesbeziehung zwischen einem Löwen und einer Widder-Frau ein wunderbares Erlebnis voller Wärme sein kann, kommt es wiederholt zu Gefühlsausbrüchen.

Sehr häufig beginnt so etwas folgendermaßen: Er verspricht ihr, sie um fünf Uhr anzurufen, ruft aber dann erst um Mitternacht an und denkt nicht daran, sich deswegen zu entschuldigen. Statt dessen erzählt er ihr, daß sie die Rechtschreibung nicht beherrscht und zu großzügig mit ihrem Make-up umgeht. Und dann befiehlt er ihr, den Mund zu halten und ihn endlich einmal reden zu lassen. *Was* tut er?

Jetzt reicht es ihr. Sie hat genug von seiner erdrückenden Arroganz und faßt ganz impulsiv den Entschluß, ihn aus ihrem Leben zu streichen. Wer braucht denn eigentlich einen solchen Mann mit seiner bevormundenden Masche? *Sie.*

Sie mit ihrem unabhängigen »Ich kann selber für mich sorgen« hat endlich jemanden gefunden, der weiß, daß sie das nicht kann, und sie beim Wort nimmt. Es ist nicht ratsam, ihm zu sagen, daß er verschwinden soll. Denn genau das wird er nicht tun. Ein wenig später wird ihr einfallen, was für eine warme und freundliche Stimme er hatte, als er endlich anrief, ganz gleich, wie spät es war.

Es wird nicht lange dauern, bis er ihr alle möglichen Sachen beigebracht hat, von denen ihr gar nicht bewußt war, daß sie sie nicht wußte. Und damit nicht genug. Sie wird sich auch noch obendrein selber dadurch verblüffen, daß sie sich selig in seinem Wissen sonnt. Wenn sich das alles ein wenig abgenutzt hat, kommt sie auf den Boden zurück und übertrumpft ihn ein paarmal, damit keine zu große Einseitigkeit entsteht.

Es handelt sich hier um eine machtvolle magnetische 5:9-Sonnenzeichen-Konstellation, und deshalb herrscht eine knisternde, romantische Stimmung, wenn diese beiden Feuerzeichen sich ineinander verlieben. Vielleicht sind die alten Träume, die er schon längst beiseite geschoben hat, am Ende gar nicht so völlig ausgeschlossen. Schließlich sind es *seine* Träume, oder nicht? Das genügt, damit sie davon überzeugt ist, daß sie in Erfüllung gehen – und das Zutrauen des Mars kann Berge versetzen! Was ihre herrschsüchtige Art und ihre aufflammenden Unabhängigkeitsbestrebungen anbelangt, so sind das lediglich verzweifelte Hilferufe, damit sie wieder in die richtige Richtung geführt wird. Sind Löwen nicht bestens dazu geeignet, das Leben anderer zu organisieren und sie davor zu bewahren, in ihre eigenen Fallen zu stolpern?

Da er praktisch veranlagt und sehr vernünftig ist (der Löwe ist ein festes Zeichen), wirft sie ihm manchmal vor, daß er langweilig und spießig ist. Da sie sehr viel mehr Vitalität entwickelt, macht er ihr den Vorwurf, daß sie ihn total erschöpft. Am Ende wird er durch sie lockerer – und sie wird durch ihn etwas gebremst – dadurch entsteht ein Ausgleich.

Es ist keineswegs so, daß sie ihre ganze Zeit damit verbringen, sich zu streiten. Da sie unter dem Einfluß der 5:9-Beziehung stehen, erleben sie zahllose Augenblicke, die wunderbar und verrückt, fröhlich und geheimnisvoll sind. Von ihrer aufrichtigen Arglosigkeit ist er merkwürdig berührt; sie läßt eine Saite in seinem eigenen idealistischen Herzen anklingen. Ihre überschäumende Begeisterungsfähigkeit ist ansteckend und ergänzt sich mit seinem strahlenden Enthusiasmus. Der Widder ist das symbolische Kind der Tierkreiszeichen, und deshalb rufen ihre Naivität und ihre unschuldige Art eine tiefe Zärtlichkeit in ihm wach. Er hat ganz stark das Gefühl, dieses Wesen beschützen zu müssen, das wie ein Kind nicht die leiseste Ahnung hat, wie viele gähnende Abgründe sich vor ihm auftun. Er wird ihr mit seiner Weisheit und ausgereiften Urteilsfähigkeit liebevoll dabei behilflich sein, ihnen auszuweichen, denn der Löwe ist dem Widder auf dem Schicksalsrad voraus.

Widder und Löwe lösen ineinander starkes körperliches Verlangen aus, das durch die zwischen ihnen fließenden Gefühle ständig angeregt und intensiviert wird. Sexueller Kontakt zwischen ihnen kann auf eine wunderbare Weise heilend wirken, denn jeder gibt dem anderen das, was er in einer Beziehung braucht: Leidenschaft, die mit großer Zuneigung einhergeht. Das kann dazu führen, daß Gefühle in ihnen wachgerufen werden, von denen sie geglaubt hatten, daß sie zusammen mit den verlorenen Idealen aus der Kindheit begraben und vergessen gewesen wären. Das Glück, das sie um den Preis von Tränen oder eines gebrochenen Herzens ... oder verletzten Stolzes zusammen anstreben, ist etwas sehr Berauschendes. Doch einen Preis zahlt der Löwe nicht: daß er sich als Gegenleistung dafür besitzen läßt. Er möchte im Dschungel umherstreifen, ohne daß ihn die rasselnden Ketten der Eifersucht dabei behindern.

Bis sie sexuell zu einem Einklang finden, werden sie einige heftige Erfahrungen hinter sich bringen müssen. Eine Widder-Frau möchte gern davon ausgehen, daß sie für ihn die erste Frau ist, die er jemals berührt hat, der er etwas ins Ohr geflüstert und die er erobert hat. Da die Liebe für den Löwen etwas so Natürliches ist wie das Atmen, gibt sie sich einer falschen Hoffnung hin. Wenn sie in ihn eindringt, so daß er jeden leidenschaftlichen Seufzer in seiner Vergangenheit einschließlich der Namen, der Daten und Orte zugibt, dann wird sie auch mit dem, was sie hört, irgendwie fertig. Nun gut, er hat sexuelle Beziehungen zu anderen Frauen gehabt. Sie akzeptiert das, auch wenn es wehtut. (Widder ertragen unangenehme Wahrheiten immer mit Tapferkeit, wenn sie merken, daß kein Weg darumherum führt.) Es gibt jedoch noch einen schillernden Widdertraum, der mit der kalten, harten Wirklichkeit der menschlichen Natur konfrontiert werden muß. Es ist ja nicht unbedingt gesagt, daß er auch sein *Vergnügen* dabei hatte, nicht wahr? Auch diese ihre Hoffnung wird enttäuscht. Der Löwe ist viel zu stolz und ehrlich, um zu behaupten, er hätte dabei nichts empfunden.

Ihre früheren Liebeserlebnisse? Das ist etwas anderes. Die werden durch Dutzende verschiedener Erklärungen wegrationalisiert. *Sie* hat kein Vergnügen dabei gehabt, müssen Sie wissen. (Ich habe ja schon gesagt, daß Widder, ohne daß sie es wollen, sehr selbstsüchtig sind.)

Für den Löwen besteht die beste Lösung darin, ihr in regelmäßigen Abständen immer wieder über die negativen Reaktionen zu berichten, die ihm seine abgeschlossenen sexuellen Erlebnisse aus der Vergangenheit eingebracht haben (bis sie sich sicher fühlt und keine Angst mehr davor hat, in dunkler Einsamkeit zu versinken) – und dann alles aufzuzählen, was seine sexuelle Erfüllung mit ihr ausmacht.

Unter ihrer aufrichtigen Bewunderung für seinen Mut, sein Selbstvertrauen und seine Weisheit kann sich der Löwe in seiner ganzen Männlichkeit entfalten. Er braucht sehr viel aufblikkende Verehrung, und für sie ist Verehrung und Anbetung dasselbe wie Demut, eine Eigenschaft, die ihr fremd ist. Der Löwe wird ihr reichlich Gelegenheit geben, diese Eigenschaft zu entwickeln. Sie weiß, daß er stärker ist als sie, und das beflügelt sie. Wenn er seine Stärke jedoch dazu benutzt, um sie herumzukommandieren, dann ist sie sofort wieder ernüchtert. Sie sollte jedoch nicht mimosenhaft reagieren.

Sie wird ihn zutiefst bewundern, respektieren und lieben. Doch auch von sich selber wird sie weiterhin sehr viel halten und auch davon, ihre Sachen selber in die Hand zu nehmen – wenn sie ihm vielleicht auch gestattet, ihr zu zeigen, wie sie das am besten macht. Ab und zu wird er ihre Begeisterung am Boden zerstören, indem er all ihre Hoffnungen mit seiner den Löwen eigenen praktischen Veranlagung zunichte macht. Und hin und wieder verletzt sie seinen Stolz, indem sie ihn unterbricht oder nicht daran denkt, ihn um Rat zu fragen. Dann erstarrt sie angesichts seiner majestätischen Würde, und er ist ihren Wutausbrüchen ausgesetzt. Doch wenn seine eisige Überheblichkeit dahinschmilzt und ihr Zorn verraucht ist, dann kehrt das Glück bei den beiden wieder ein.

Widder-Mann – Löwe-Frau

Mit einer Löwe-Frau zu leben ist keine einfache Sache, und manchmal ist es beinahe ein Ding der Unmöglichkeit, mit ihr auszukommen. Sie kann stolz, überheblich, eitel, egozentrisch und arrogant sein. Sie kann auch eine sehr starke, energiegeladene, warmherzige und großzügige Frau sein, wenn ihre klare Überlegenheit von allen anerkannt und respektiert wird. Es fällt ihr zwar niemals leicht zu kapitulieren, doch einem Widder-Mann gegenüber, der darauf achtet, daß ihre Würde nicht in Frage gestellt wird, und der ihr zeigt, wie sehr er sie bewundert, ist sie überraschend gefügig. Niemand, der sie kennt, hält das für möglich, denn niemand hat es je erlebt, daß sie sich so willig den Wünschen anderer beugt, wie sie das ihm gegenüber tut.

Die Astrologie kann bei dieser 5:9-Sonnenzeichen-Konstellation praktisch für Harmonie und Glück garantieren, besonders, wenn die Aspekte zwischen ihren Planeten günstig sind. Dann ist diese Beziehung oder Ehe beinahe so, als wäre sie im Himmel geschlossen worden. Doch auch wenn der Sonnen-Mond-Aspekt in ihren Horoskopen ungünstig ist, kommen diese beiden recht gut miteinander aus. Er hat nicht so viel gegen ihre Extravaganzen einzuwenden wie ein Mann, der unter einem anderen Sonnenzeichen geboren ist. Löwe-Frauen geben natürlich nicht gern zu, daß sie extravagant sind. Sie werden darauf hinweisen, daß sie im Gegenteil sehr sparsam sind, und bei einigen trifft das auch wirklich zu. Dem Widder kommt es gewöhnlich weder auf einen Pfennig noch auf einen Hunderter mehr oder weniger an. Wenn einer der beiden jedoch ein sparsames Mondzeichen oder einen sparsamen Aszendenten hat, stimmt das alles vielleicht nicht, dennoch werden alle beide früher oder später ihre wahre Sonnenzeichen-Natur durch großzügige Gesten zum Vorschein kommen lassen. Beide bekommen gern Geschenke und verschenken auch selber gern etwas.

Es ist keine allzu große Überraschung, daß der Widder-Mann seine geliebte Löwin dabei unterstützt, ihren angeborenen Stolz und ihre Würde auszuleben. Er ist der Meinung, daß ein königliches Verhalten ihr sehr gut steht. (Außerdem steht er dann wie ein wirklicher Sieger da, denn ihm ist es gelungen, sie für sich zu gewinnen.)

Widder-Männer sind immer gerade intensiv damit beschäftigt, irgendein Ziel zu erreichen; es kann deshalb vorkommen, daß der Widder so sehr in seinem Vorhaben aufgeht, daß er versäumt, sie genügend zu loben. Wenn eine Löwe-Frau das Gefühl hat, ihr wird nicht genug Anerkennung entgegengebracht, dann wird sie kalt, desinteressiert – und sogar untätig. Entweder vernachlässigt sie sich als Frau, indem sie keinerlei Wert auf ihr Äußeres legt (ein trauriges und ernstzunehmendes Warnzeichen für ihre innere Pein), oder sie fällt ins andere Extrem: sie konzentriert sich in übertriebener Weise auf äußerlichen Glanz und bemüht sich ganz offen darum, die Aufmerksamkeit anderer Männer zu erregen. Der Widder-Mann, der dem Flirten seiner Frau ruhig zuschaut oder eine Affäre mit einem anderen Mann großzügig toleriert, muß erst noch geboren werden. Die leiseste Andeutung von Untreue führt zu den wildesten Eifersuchtsszenen. Auf die Dauer kann das ganz hilfreich sein, wenn es ihm die Augen darüber öffnet, daß er es versäumt hat, ihr die Liebesbezeugungen zu erweisen, nach denen sie sich sehnt, solange sie lebt.

Tatsächlich kann von keinem der beiden behauptet werden, daß er wirklich frei von jeglichen Eifersuchtsgefühlen ist. Einer Löwe-Frau muß er immer wieder sagen, wie sehr – und warum – er sie liebt. In beiden ist das Bedürfnis nach Schmeicheleien übermäßig stark ausgeprägt, für ihr Selbstbewußtsein sind sie eine unbedingte Notwendigkeit. Da sie von ihrer Umwelt meist nicht genug davon bekommen, können sie sich dieses wertvolle Geschenk gegenseitig machen. Sexuell passen sie ausgesprochen gut zueinander. Ihr instinktives Verlangen nach gegenseitiger uneingeschränkter Leidenschaft wird von ihrem gemeinsamen Bedürfnis nach zärtlicher Zuneigung gemildert. Zwar sind sie Liebende im wahrsten Sinne des Wortes, aber sie sind auch Idealisten. Ein zärtlicher Kuß auf die Wange ist für sie wie für ihn genauso wichtig wie andere Ausdrucksformen sexuellen Einsseins, die von stärkerer Erotik geprägt sind. Die Natur des Widder-Mannes schäumt von Gefühlen und feuriger Leidenschaft über, und diese Leidenschaften lösen in der Löwin eine entsprechende Reaktion aus. Wonach sie beide sich sehnen, wenn es um körperliche Erfüllung geht, das ist wilde Hingabe, gepaart mit poetischer Zärtlichkeit – beides zu gleichen Teilen. Es bestehen sehr viel bessere Aussichten, daß sie diese seltene Mischung der Gefühle miteinander, als bei anderen Partnern finden. Wenn ihre harmonische sexuelle Beziehung durch etwas gestört werden könnte, so ist es sein Groll über ihre verflossenen Liebhaber.

Falls der Widder alte Liebesbriefe finden sollte, die sie gern aufhebt und hin und wieder liest, um ihre romantischen Sehnsüchte zu stillen, dann wird er beinahe so verletzt und außer sich sein, als hätte er sie in flagranti ertappt. Wahrscheinlich wird er sie wegen ihrer vergangenen Liebeserlebnisse vorwurfsvoll ins Verhör nehmen. Da sie auf jeden Fall ein bißchen prahlen wird und die ganze Angelegenheit vielleicht maßlos übertrieben darstellt, wird er seine lang gehegte Illusion aufgeben müssen, daß er der einzige Mann ist, der sie erobert hat.

Aber die Löwin legt Wert darauf, alle wissen zu lassen, wie sehr der Mann, dem sie es gestattet, sie zu lieben, ihr seine Verehrung entgegenbringt. Es wäre sehr unklug von ihm, sie in Gegenwart anderer so zu erniedrigen, egal, wie unschuldsvoll seine Absichten auch gewesen sein mögen, denn einen solchen Angriff auf ihre Würde toleriert diese Frau nicht. Sie mag sich ihres eigenen Charmes sicher sein und wissen, daß sie von ihrem Geliebten oder Ehemann verehrt wird, es ist ihr aber wichtig, daß *anderen* das *genauso* bewußt ist. Die sanfte, freundliche und liebevolle Ehefrau kann sich in eine wilde Katze verwandeln, die ihre Krallen zeigt ... oder, noch schlimmer, in ein Marmorstandbild eisiger Mißbilligung. Später, wenn sie unter sich sind, wird es zu einem ungeheueren Gefühlsausbruch kommen.

Doch sie versöhnen sich wieder, noch bevor ihre Tränen versiegt sind ... und er hat wieder einen Grund, ihr aufrichtig zu sagen, wieviel sie ihm bedeutet – und sie hat wieder Gelegenheit, ihm mitzuteilen, wie sehr sie ihn braucht, nachdem sie beide ihre Liebe und Freundschaft in ihrer ganzen Tiefe erlebt haben.

Die Widder-Jungfrau Beziehung

Widder verallgemeinern sehr gern, hassen es, sich mit Details herumzuschlagen und langweilen sich bei sorgfältigem Analysieren zu Tode. Die Jungfrau ist sehr sorgfältig, befaßt sich gern ausführlich mit Details und kann Verallgemeinerungen nicht ausstehen. Widder handeln ganz und gar vom Gefühl her – sie verlassen sich auf das, was sie empfinden, und sind allem gegenüber, das ihnen allzu praktisch erscheint, recht skeptisch eingestellt. Jungfrauen sind praktisch veranlagt, sie verlassen sich auf ihren Verstand und sind reinen Gefühlsregungen gegenüber äußerst skeptisch. Wenn Widder-Geborene sich ärgern, dann hängen sie das an die große Glocke und breiten ihre Sorgen vor allen Leuten aus. Wenn Jungfrauen sich ärgern, dann schlucken sie alles in sich hinein und verschließen sich vor den anderen, damit sich ihr Groll ungestört anstauen kann. Widder sind ziemlich unbekümmert, was ihre Gesundheit anbelangt, es kommt auch selten vor, daß sie unter chronischen Krankheiten leiden. Jungfrauen achten sehr auf ihre Gesundheit und klagen häufig über alle möglichen Krankheitssymptome.

Beide sind gewöhnlich sofort dazu bereit, anderen zu helfen, allerdings aus etwas unterschiedlichen Motivationen heraus. Eine Jungfrau greift ganz instruktiv ein, greift hier ein bißchen zu bügelt dort eine Falte aus und geht wieder ihrer Wege, ohne auch nur ein Wort des Dankes abzuwarten oder zu verlangen. Der Widder wartet auch nicht stundenlang Dankesworte ab, doch Sie können ganz sicher sein, daß er Dankbarkeit erwartet.

Bleibt sie aus, dann ist der Widder im Gegensatz zur Jungfrau gekränkt und ärgerlich. Die Jungfrau erwartet von anderen sowieso nicht allzuviel, deshalb führt sie Undankbarkeit ungerührt auf die Unzulänglichkeiten der menschlichen Natur zurück.

Doch trotz aller dieser Unterschiede in ihren Persönlichkeiten können der Widder und die Jungfrau eine merkwürdige Befriedigung in ihrer Beziehung finden, wenn sich ihre Wege kreuzen. Wenn es sich um eine Geschäftsbeziehung handelt, wird ihre Verbindung auf Bewunderung und Respekt – und dem gemeinsamen Wunsch, einander zu helfen – basieren. Wenn eine Freundschaft zwischen den beiden besteht, werden sie wahrscheinlich im Lauf der Zeit auch geschäftlich miteinander zu tun haben. Jungfrau und Widder vertrauen einander oft Dinge an, die sie niemandem sonst erzählen würden. Anscheinend spüren sie, daß das gegenseitige Vertrauen, eine Grundvoraussetzung für solche intimen Geständnisse, nicht enttäuscht werden wird – und das ist auch selten der Fall, obwohl es dem Widder vielleicht sehr schwerfällt zu begreifen, wie es überhaupt zu einer solchen Situation, wie die Jungfrau sie beschrieben hat, hatte kommen können – von seiner Sicht aus gesehen. Ebenso wird die Jungfrau aufrichtiges Mitgefühl für das empfinden, was der Widder erlebt hat, obwohl sie im stillen einfach nicht einsehen kann, wieso der Widder es überhaupt soweit kommen ließ.

Dem Widder fällt es niemals so leicht, in seiner Arbeit aufzugehen, wie der Jungfrau. Was für den Widder ein kleiner Aufschub ist, das erscheint der Jungfrau als eine beinahe sündhafte Vergeudung wertvoller Zeit. Nach der Arbeit natürlich, wenn alle beruflichen und familiären Verpflichtungen zur vollen Zufriedenheit erfüllt sind (und das alles kann unendlich viel Zeit und Aufmerksamkeit kosten), wenn es also keinerlei Anlaß für ein schlechtes Gewissen gibt, weil alles an seinem Platz und wohlgeordnet ist, führen die Jungfrauen oft ein recht interessantes und in seltenen Fällen sogar ein schockierend unorthodoxes Privatleben, wenn sie einmal all ihren Zwang abgelegt und all ihre Sorgen hinter sich gelassen haben.

Jungfrauen sind eifrig darum bemüht, vollendete Höflichkeit an den Tag zu legen, wenn sie ärgerlich sind; so wird ihre Reizbarkeit durch ihre typische Höflichkeit ein wenig gemildert.

Da die Jungfrau-Geborenen alles analysieren und Eindeutigkeit so wichtig finden, neigen Widder-Leute oft dazu, sie für pingelig und kalt zu halten. Innerlich sind Jungfrau-Geborene jedoch von allen Sonnenzeichen am sentimentalsten und alles andere als kalt. Deshalb versuchen sie manchmal, das Gefühl zu überspielen, indem sie eine wertende Haltung einnehmen – eine gewisse stillschweigende Mißbilligung. Dabei ist es völlig gleichgültig, worauf sie sich bezieht. Jede Art von Mißbilligung ärgert den Widder, selbst wenn sie nur angedeutet ist und mit keinem Wort ausgesprochen wird. Er spürt sie trotzdem. Der typische Widder-Mann oder die typische Widder-Frau sehnt sich nicht gerade nach ernsten Diskussionen oder kühlen, vernünftigen Bemerkungen eines Jungfrau-Geborenen darüber, was falsch und was richtig, gut und praktisch ist, und was nicht. Widder reagieren begeistert auf eine großzügige Einstellung bei anderen – und können ziemlich unangenehm werden, wenn sie auf Pedanterie und Kritik stoßen.

Wenn jedoch zwischen der Sonne und dem Mond in ihren Horoskopen ein günstiger Aspekt besteht, dann können Widder und Jungfrau einander mit vielen gegenseitigen Wohltaten beglücken. In einer Beziehung zwischen Widder und Jungfrau, in der ein solcher harmonischer Planeten-Einfluß herrscht, überrascht der Widder sich vielleicht selbst damit, daß er dem lautlosen Beispiel der Jungfrau folgt und ernsthaft auf den immer gutgemeinten und hilfreichen Rat der Jungfrau hört.

Nur selten wird der Jungfrau bewußt, daß der Widder ein unfehlbares Gespür dafür hat, ob die Jungfrau aus aufrichtigem Interesse, aus Zuneigung und Freundlichkeit um sein Wohlbefinden besorgt ist – oder ob ihr ausgeprägtes Pflichtbewußtsein der Grund ist. Und wenn das letztere zutrifft, dann versucht der Widder lieber, allein zurechtzukommen, als Hilfe von jemandem anzunehmen.

Auf den ersten Blick scheinen Welten zwischen den beiden zu liegen; Widder und Jungfrau können jedoch auf ihrem gemeinsamen Weg einige glückliche Überraschungen erleben, wenn sie sich darum bemühen, den Disteln, dem Gestrüpp und den Dornen der Meinungsverschiedenheiten auszuweichen, die hin und wieder vor ihnen auftauchen. Im Widder hat die Jungfrau wahrscheinlich jemanden gefunden, der es verdient, daß sie ihn fördert und ihm zum Erfolg verhilft, jemand, der ihr daraufhin in großzügiger, warmherziger, begeisterter und rührender Weise seine Dankbarkeit bezeugen wird.

Widder-Frau – Jungfrau-Mann

Wenn jemand die Widder-Frau als aufdringlich, dominant, emotional, impulsiv, unpraktisch und unglaublich unreif bezeichnet, dann wird ein Jungfrau-Mann, der einst eine Widder-Frau geliebt hat, fast immer lebhaft widersprechen. Er hat keine dieser Eigenschaften bei ihr festgestellt. Für ihn hat sie eine Menge Frauliches verkörpert – vielleicht so viel, daß er sich überfordert gefühlt hat – er hat sie aber als direkt, aufrichtig, frisch und unschuldig im Gedächtnis.

Ja, sie war ein Widder, der unter der Herrschaft des Mars, des Planeten des Krieges und der Angriffslust, steht. Doch einer Jungfrau gegenüber kommen bei der Widder-Frau überraschenderweise häufig ihre Weichheit, ihre versteckte Weiblichkeit und ihre tief in ihrem Inneren verborgene selbstlose Liebesfähigkeit zum Vorschein. Wenn sie einem Mann begegnet, der freundlich und aufmerksam ist, einem Mann, der ihren Mut und ihre Aufgeschlossenheit bewundert, der nicht in Konkurrenz zu ihr tritt, der sie zärtlich belehrt, Verständnis für ihre Fehler hat und an ihre Träume glaubt – dann schenkt sie ihm von ganzem Herzen ihr Vertrauen. Ihre Unsicherheit und ihre geheimen Ängste vor Versagen verfliegen, und gleichzeitig verliert sie auch das Bedürfnis, sich rücksichtslos durchzusetzen, eine Eigenschaft, die auf ihre fälschliche Annahme zurückzuführen ist, daß Eroberung Sieg bedeutet.

In den Augen der Widder-Frau ist die Geduld keine Tugend, sie erwartet, daß ihre Wünsche auf der Stelle in Erfüllung gehen, sonst verliert sie schon den Mut (etwas zu früh vielleicht), sie läuft in Tränen aufgelöst davon und kommt am Ende zu der

Erkenntnis, daß es sich um nichts weiter als eine wunderbare Freundschaft gehandelt hat. Und bemerkenswerterweise entsteht aus einer zerrütteten Liebesbeziehung zwischen diesen beiden sehr häufig eine schöne Freundschaft.

Und doch kommt es manchmal vor, daß die Liebe zwischen Widder und Jungfrau von Dauer ist, und dann kann das Leben wunderbar sein. Ein paar Schatten entstehen natürlich, und die müssen realistisch und nicht emotional betrachtet werden. Er ist dazu bereit, an alle Dinge realistisch und ohne Selbstbetrug heranzugehen, sie braucht dabei vielleicht etwas Unterstützung (meistens sogar *eine Menge*). Wenn sie es jedoch schafft, dann verdient sie mehr Anerkennung als er. Einem Jungfrau-Mann bereitet es keine Schwierigkeiten, eine Situation zu erkennen, die schwachen Stellen herauszufinden, einen Kompromiß herbeizuführen und Mißverständnisse zu beseitigen. Dafür, daß er instinktiv so handelt, verdient er wirklich kein großes Lob. Zu loben ist die Widder-Frau, wenn sie von ihm lernt, Probleme gelassen und logisch anzugehen.

Alle Erinnerungen an die Widder-Frau, die dem Jungfrau-Mann so deutlich in seinem präzisen Gedächtnis haften geblieben sind, stammen aus einer Zeit, als ihre Liebe sich noch im Anfangsstadium befand. Wenn diese Beziehung länger gedauert hätte oder in eine Ehe gemündet wäre, dann wäre sie ihm vielleicht beinahe wie ein Engel erschienen. Und er seinerseits wäre für sie fast so etwas wie ein Heiliger geworden. Die meisten Streitereien zwischen Widder und Jungfrau entzünden sich wahrscheinlich an seinem Drang, sie zu kritisieren. Ist sie einmal gegangen, dann ist es sehr unwahrscheinlich, daß sie sich noch einmal umschaut oder dem Gestern auch nur eine Träne nachweint. Die gegenwärtige Freiheit erscheint ihr sicherlich sehr viel aufregender als die schnell verblassende Erinnerung an vergangenes Herzeleid.

Zurück zu seiner Kritik an ihr. Er besitzt wahrhaftig ein Geheimrezept, wie er sie davon überzeugen kann, daß seine Kritik nicht bedeutet, daß sie nicht geliebt wird. Ob geliebt oder nicht, auf jeden Fall ist sie nicht besonders glücklich, wenn die Liste ihrer Unzulänglichkeiten länger ist als die ihrer Talente und Tugenden. Wenn er möchte, daß ihre Beziehung ruhig und friedlich verläuft, dann wird er es lernen müssen, ihren Geschmack und ihre Art von Sauberkeit, mit deren Hilfe sie ihr Zuhause attraktiv und gemütlich gestaltet, zu schätzen.

Die Verbindung von Widder und Jungfrau ist eine 6:8-Sonnenzeichen-Konstellation. Das bedeutet unter anderem, daß gegenseitige Hingabe, Gefälligkeiten und Zusammenarbeit immer Bestandteile ihrer Beziehung sein werden. Und es bedeutet auch – und das wird für viele eine Überraschung sein –, daß zwischen ihnen eine ganz merkwürdige, unwiderstehliche sexuelle Anziehung besteht. Für ihn stellt sie sexuell ein Geheimnis dar. Er ermöglicht ihr eine sexuelle Beziehung, in der sie Vertrauen haben kann. Trotz der fundamentalen Verschiedenheit in ihren Persönlichkeiten besteht zwischen diesen beiden aus irgendeinem Grund ein sehr selten anzutreffender Einklang in ihren körperlichen Wünschen und in der Art, wie sie sie zum Ausdruck bringen. Vielleicht ist das auf die Unschuld und Reinheit der Absichten zurückzuführen, die das symbolische Kind (Widder) und die symbolische Jungfrau innerlich mit einer Liebesbeziehung verbinden. Vielleicht hat das seine Ursache auch in ihrer beider Überzeugung, daß die sexuelle Vereinigung die äußerste Harmonie der tiefsten Sehnsüchte einer Frau und eines Mannes darstellt und ihre Körper, ihren Geist und ihre Seelen in einem melodischen Gleichklang der Wünsche und der gegenseitigen Zärtlichkeiten vereinigt.

Ihre sexuelle Beziehung stellt normalerweise ein starkes Bindeglied zwischen den beiden dar und bringt ihnen sehr oft die emotionale Ausgeglichenheit und die körperliche Befriedigung, die es ihnen ermöglicht, ihre Unterschiede und die Spannungen, die in anderen Lebensbereichen zwischen ihnen entstehen, zu tolerieren. In den meisten Widder-Jungfrau-Beziehungen fühlt der Jungfrau-Mann, daß die Widder-Frau alles das in sich vereinigt, was er sich je von einer Frau wünschen und von ihr erwarten wird.

Die Widder-Frau muß einsehen, daß der Jungfrau-Mann, den sie liebt, sich unter der Einwirkung seines Geburtsherrschers Merkur den geistigen Einflüssen des Augenblicks hingibt. Er verabscheut es zutiefst, wenn sie ihn mit ihrer Eindringlichkeit zu direkten Antworten zwingt, und das ganz besonders dann, wenn er sich in einem seiner häufigen Anfälle von tiefster Niedergeschlagenheit befindet.

In solchen Augenblicken sollte sie sich ganz bewußt darum bemühen, ihn aufzuheitern, ihr eigenes Gefühl des Vernachlässigtseins zurückstellen – und alle ihre Aufmerksamkeit und ihr Mitgefühl auf *ihn* konzentrieren, nicht auf sich selbst. Er braucht nur die Gewißheit, daß sie für ihn da ist, mehr nicht . . . Das gibt ihm das Gefühl großer Sicherheit.

Auch wenn er sich ihren Vorschlägen gegenüber taub zeigt, irgendwo hinzugehen, und sich auch auf ihr zärtliches Drängen hin nicht vom Fleck rührt, wird er doch irgendwann auf sie zukommen, wenn sie keinen Druck auf ihn ausübt. Es reicht, einen Vorschlag einmal zu machen. Wenn er nicht darauf eingeht . . . ist es besser abzuwarten. Was er wirklich während dieser Jungfrau-Sorgen-Perioden nicht gebrauchen kann, ist ein Kreuzverhör . . . oder noch eine zusätzliche Belastung dadurch, daß die von ihm geliebte Frau wegen seines Schweigens und seiner geistigen Abwesenheit in Tränen aufgelöst ist, weil sie sich dadurch vernachlässigt fühlt und voller Selbstmitleid ist.

Sie sollte damit aufhören, dauernd etwas an ihm auszusetzen. Ohne Zweifel kann der Jungfrau-Mann sie mit seinen scharfen, zynischen Worten manchmal an empfindlichen Stellen ihres Selbstvertrauens tief verletzen. Auch zeigt er vielleicht seine Gefühle nicht so offen, wie sie sich das wünscht – nicht, was ihre sexuelle Beziehung angeht, sondern bei ihrer Kommunikation und ihrem Zusammensein im alltäglichen Leben.

Es fällt dem Jungfrau-Mann nicht leicht, seine Gefühle offen zu zeigen; er muß sich deshalb vielleicht ganz bewußt darum bemühen, wenn er diese Frau halten will, denn sie braucht die spürbaren Beweise seiner Zuneigung. Wenn diese ständige gegenseitige Bestätigung ihrer Liebe in ihrer Beziehung fehlt, dann werden ihre Feindseligkeit und ihre Ablehnung in dem Maße wachsen, wie sie sich emotional ausgehungert fühlt. Die Widder-Frau ist gesellig, liebevoll und zeigt ihre Gefühle offen. Es verletzt sie und bereitet ihr große Sorgen, wenn der Mann, den sie liebt, ihr klarmacht, daß er ab und zu lieber Dinge ohne sie unternimmt. Er braucht jedoch mehr Zeit für sich als die meisten Männer; bekommt er sie nicht, dann verstärkt das sein launisches, nervöses, reizbares Jungfrau-Wesen nur noch mehr.

Widder-Mann – Jungfrau-Frau

Irgendwann in seiner Beziehung zur Jungfrau hat der Widder-Mann das Bedürfnis, ihr zu beweisen, daß seine Vorstellungen und Ideale vernünftig sind, daß er emotionale Reife besitzt – und im allgemeinen wird er versuchen, in ihr Begeisterung für seine Pläne, seinen Ehrgeiz und seine Gefühle zu wecken.

Es ist keinesfalls so, daß sie sich nicht darüber freut, doch wenn sie eine typische Jungfrau ist, dann hinterläßt ihre Reaktion in ihm das Gefühl, daß sie das, was er ihr mitzuteilen versucht hat, irgendwie mißbilligt. Vielleicht unterstützt sie die meisten seiner Pläne und Träume von ganzem Herzen, und dennoch wird sie bei einem kleinen Teil dessen, was er erzählt, das Gefühl nicht los, daß irgendetwas nicht gut genug durchdacht und geplant worden ist. So sind die Jungfrauen. Sie finden die schwachen Glieder in der Kette heraus und weisen einen darauf hin, bevor die Kette reißt. Die meisten Leute sind *dankbar* für die Fähigkeit der Jungfrau, Ordnung in ein chaotisches Durcheinander zu bringen. Der Widder nicht. Er wird es ihr übelnehmen, daß sie nicht vollkommen in seinen Zielen, seinen Gefühlen, seiner Empörung, seinen Träumen und seiner Überlegenheit aufgeht. Nach einer Weile wirft er ihr wahrscheinlich ärgerlich vor, daß sie kein Feingefühl und keine Phantasie besitze.

Da irrt er sich aber sehr. Die Vorstellungswelt dieser Frau ist voller Wunder, denn sie kann in den kleinen, alltäglichen Dingen etwas sehr Reizvolles entdecken.

Er kann eine Menge von ihr lernen. Zum Beispiel Rücksichtnahme anderen gegenüber – den Frieden und das Glück, das es einem bringt, wenn man andere bedient und umsorgt (anstatt sich bedienen zu lassen). Das lebt sie ihm fast jeden Tag, den sie zusammen sind, vor. Er merkt das leider nur sehr selten. Sie greift sanft in das Durcheinander ein und sorgt dafür, daß die

Dinge wieder ins Lot kommen, ohne daß sie überhaupt darum gebeten wurde.

Zu einer Jungfrau, die sich selber *mag*, die sie selbst *ist* – und den Widder, den sie liebt, sich *selber* sein läßt –, kommt man gern nach Hause zurück. Wenn sie eine typische Jungfrau ist, dann verhält sie sich sehr unaufdringlich (unaufdringlich im Vergleich zum Widder!), ist aber sehr aufgeschlossen und angenehm; es ist eine wahre Freude, mit ihr zusammen zu sein. Sie ist still und höflich und braucht sehr viel Zuneigung (die sie aber niemals verlangen wird, genausowenig, wie sie Dankbarkeit einfordert). Manchmal kann sie sehr kritisch sein, das stimmt, aber normalerweise ist sie wenigstens freundlich dabei, wenn sie Haarspalterei betreibt.

Der Widder-Mann, der dieses intelligente weibliche Wesen liebt, kann sie, wenn sie traurig oder wegen eines winzigen Fehlers, der ihr unterlief, völlig verzweifelt ist (Jungfrauen neigen sehr zur Selbstbestrafung), dadurch trösten, daß er ihr zu der Einsicht verhilft, daß Vollkommenheit keine Voraussetzung zur Selbstachtung ist, wie sie oft meint.

Die körperliche Liebe zwischen einem Widder und einer Jungfrau ist häufig von einer geheimnisvollen Verzauberung gekennzeichnet. Diese beiden gehören wahrscheinlich zu den wenigen Menschen, die sexuell noch nicht verdorben sind durch Vermarktung der Sexualität, der man heutzutage, ob man will oder nicht, auf Schritt und Tritt begegnet. Der Widder ist ein überzeugter Idealist (ein super-eifersüchtiger noch dazu), wogegen die Jungfrau sich normalerweise von sexueller oder jeder anderen Art von Vulgarität und Billigkeit abgestoßen fühlt.

Ihre Art, sich zu lieben, ist Ausdruck ihres Idealismus und ihrer im Unterbewußtsein vorhandenen Suche nach Reinheit und Unschuld. Das heißt nicht, daß die körperliche Liebe zwischen ihnen ohne Leidenschaft ist. Sie muß jedoch aufpassen, daß sie keine Kritik an seiner Art, sie zu lieben, übt, oder daß ihre kühle Art seine flammende sexuelle Begeisterung, die er ihr gegenüber so vertrauensvoll zum Ausdruck bringt, im Keim erstickt. Umgekehrt muß er darauf achten, daß er ihre Feinfühligkeit berücksichtigt, indem er dafür sorgt, daß Zärtlichkeit und liebevolle Zuwendung bei ihrer Vereinigung eine große Rolle spielen.

Er muß ihr einfach Zeit und Ruhe lassen, damit ihr Begehren neu erwacht. Auch sollte er wissen, daß sie in ihrer Begeisterung für die Liebe immer ein wenig abgelenkt ist, je nachdem, wieviele Sorgen und Probleme sie während der letzten Zeit bewältigen mußte.

Eine in ihrer Liebe zum Partner enttäuschte Jungfrau oder ein Widder werden selten untreu. Jedenfalls nicht ohne einen wirklich triftigen Grund. Wenn sie typische Vertreter ihrer Sonnenzeichen sind, kommt es selten vor, daß sie sich trennen oder einander im Stich lassen, auch nicht in den schlimmsten Situationen – wenn sie sich ein für alle Mal für einander entschieden haben. Denn diese Entscheidung der gegenseitigen Hingabe bedeutet für die Jungfrau eher Verantwortung als Gefühl, wenn sie längere Zeit darüber nachdenkt. Wenn eine Jungfrau sich also dafür entscheidet, eine solche »Verantwortung« nicht länger zu tragen, dann kann man ganz sicher sein, daß diese Entscheidung durch eine persönliche Verletzung von so unsagbarer Tiefe ausgelöst wurde, daß nur die Flucht als endgültige Lösung oder ein richtiger psychischer Zusammenbruch übrigbleiben. Jungfrauen können langanhaltendem psychischen oder emotionalen Druck nur sehr schwer oder überhaupt nicht standhalten.

Bei ihm ist es genau umgekehrt. Über die größeren Enttäuschungen im Leben kommt er hinweg, doch in der »Liebe« erwartet er Vollkommenheit. Irgendwo in der Mitte zwischen ihren so gegensätzlichen Ansichten sollte es für sie aber doch möglich sein, eine gemeinsame Basis für eine Verständigung zu finden.

Wenn es in ihrer Beziehung zu ernsten Schwierigkeiten kommt, muß irgend etwas geschehen – und zwar schnell! Sonst tritt ihr Bedürfnis nach Zärtlichkeit und Zuneigung füreinander bald hinter ihrem Bedürfnis nach Selbstachtung zurück – und dann trennen sie sich und versuchen jeder für sich, den Seelenfrieden zu erlangen, den sie miteinander nicht finden konnten.

Das ist die Schattenseite. Die gute Seite besteht darin, daß diese Frau und dieser Mann das Band, durch das sie miteinander verbunden sind, jedesmal wieder erneuern können, wenn es reißt – das gelingt ihnen mit Hilfe der heilenden Zauberkraft und Rücksicht gegenüber ihren gegenseitigen Bedürfnissen. Wenn sie sich darüber einmal geeinigt haben, kann ihre Liebe von Dauer sein . . .

Die Widder-Waage Beziehung

Beneiden die feurigen Widder die wunderbare Gelassenheit der von Venus beherrschten Waage-Menschen, wenn deren Waagschalen – wie dies manchmal der Fall ist – sich in vollkommenem Gleichgewicht befinden? Nein. Widder sind nicht neidisch auf die Ausgeglichenheit der Waage, selbst wenn dies, nach astrologischen Fakten geurteilt, so sein müßte, da die zwei Sonnenzeichen auf dem karmischen Lebensrad in Opposition zueinander stehen und deshalb jeweils dem einen fehlt, was der andere besitzt. Zumindest wird der typische Widder niemals offen zugeben, daß er auf die Waage neidisch ist, wie gern die Widder insgeheim auch die Ruhe und das heitere Gleichgewicht der Waage nachahmen würden. Es gibt für einen Waage-Geborenen nichts Wichteres als sein inneres Gleichgewicht. Es zu verlieren ist ihm unendlich verhaßt. Und dennoch verliert er es häufig.

Eine Situation, in der die Waage vom Widder beneidet wird – es gibt noch andere –, ist gegeben, wenn ein Widder eine schnelle Entscheidung trifft und sich dann gezwungen sieht, dem unvermeidbaren Gegenstück zum Waage-typischen Gefühlstrauma ins Auge zu blicken: Habe ich es richtig oder falsch gemacht? Glauben Sie mir, das Schwanken des Widders nach vollendeten Tatsachen ist quälender als die Unentschlossenheit vor der Entscheidung, an der die Waage-Geborenen leiden - und sicherlich nicht so schöpferisch.

Niemand kann charmanter, intelligenter und optimistischer sein als die Waage-Geborenen, wenn sie die Gewichte ihrer

Waage sicher unter Kontrolle haben. Da aber das Sonnenzeichen der Waage ebenfalls zu dem des Widders in Opposition steht, muß auch die Waage die Mars-typischen Tugenden bewundern und schätzen.

Einer der bemerkenswertesten Unterschiede zwischen Widder und Waage ist der, daß sich auch die einfachsten Bemerkungen und Aussagen von Widdern wie Forderungen anhören. Selbst dann, wenn Widder etwas fragen, hat man oft das Gefühl, daß sie eher einen Befehl erteilen. Auf der anderen Seite (wir dürfen nicht vergessen, beide Seiten zu betrachten, da wir es mit der Waage zu tun haben) – auf der anderen Seite, wenn die Venus-beherrschten Waage-Geborenen eine Frage stellen oder eine Erklärung abgeben, bringen sie es fertig, den anderen so zu bezaubern, daß sich dessen gesunder Menschenverstand in Luft auflöst und er sich plötzlich in einer angreifbaren Position befindet, unfähig, sich selbst zu verteidigen.

Das ist auch der Grund, warum die Waage stundenlang mit einem Widder diskutieren und dabei den Eindruck hinterlassen kann, daß es der Widder ist, der unmöglich grob und querköpfig war im Vergleich zu der feinen und klugen Denk- und Argumentationsweise der Waage. Zu guter Letzt wird der Waage-Mann oder die Waage-Frau lächeln – und wenn der Widder erst einmal unter den Einfluß jener sanft verzaubernden Aura der Venus geraten ist, beruhigt sich das Widder-Feuer. Dem liebenswürdigen und aufgeschlossenen Widder fällt es schwer, einem Lächeln und einem freundlichen Wort zu widerstehen, und er ist zu naiv, um auf den Gedanken zu kommen, daß die Waage ihren Charme als Waffe gegen ihn benutzt. Nichtsdestoweniger wendet die Waage diesen Trick an.

Über die meiste Zeit hinweg bleibt die Waage der ruhende Pol dieser Beziehung. Wenn aber die Streitsüchtigkeit des Widders unerträglich wird, kann das auf diesen normalerweise sanften Menschen die gleiche Wirkung haben wie die Anhäufung von Spannung in der Atmosphäre – nämlich ein Gewitter. Alle Instinkte der Waage schrecken vor unangenehmen Konfrontationen zurück, aber wenn sie (oder er) sich ernsthaft bedroht fühlt, kommt es zu einer entschlossenen, manchmal sogar impulsiven Handlung, und wenn auch nur, um die Ruhe wiederzugewinnen. Dies mag etwas verwirrend klingen, aber man muß Waage-Logik anwenden, will man es verstehen. Am besten kommt man damit zurecht, wenn man sich vor Augen hält, daß bei der Waage der Zweck immer die Mittel heiligt. Zumindest in diesem Punkt werden ihr die meisten Widder nicht widersprechen.

Der Widder ist sich bewußt, daß die Waage fair und konsequent ist und außerdem über einen scharfen Verstand verfügt. Der Widder-Mann oder die Widder-Frau weiß, daß die Entscheidungen der Waage fast immer richtig sind, aber es kann einen Widder schon ein bißchen nervös machen, herumzusitzen und zuzusehen, wie ein Waage-Geborener eine Entscheidung trifft. Allein schon auf das Wort »Entscheidung« reagiert die Waage allergisch.

Wenn Sie testen wollen, ob jemand astrologische Kenntnisse richtig erfaßt hat und anzuwenden versteht, fragen Sie den Betreffenden, welches der beiden Sonnenzeichen das hitzigere Temperament habe. Überlegen Sie, bevor Sie voreilige Schlüsse ziehen. Das Element der Waage ist Luft und das des Widders Feuer. Feuer scheint flüchtiger, unbeständiger und heftiger zu sein als Luft, aber die Waage ist das kardinale der drei Luftzeichen – und Kardinalzeichen bedeutet unter anderem Führungsanspruch. Der Widder ist ebenfalls ein Kardinalzeichen, Sie müssen aber bedenken, daß das Element Luft in der Natur, wenn es aggressiv wird, nicht so harmlos ist, wie es scheint. Haben Sie jemals einem netten, ruhigen, »nicht heftigen« Tornado, Zyklon oder Orkan zugeschaut? Ich meinte nicht, welches der beiden Zeichen im Zorn den meisten Lärm macht; ich sprach von dem gefährlicheren. Wenn Sie diesen Abschnitt sorgfältig lesen, werden Sie begreifen, wie irreführend es ist, wenn die meisten Astrologie-Bücher, unter Hinweis auf die die Waage beherrschende Venus, alle Waage-Geborenen als friedlich, sanft, schön und ruhig beschreiben. Sie haben alle diese Eigenschaften – aber dies ist nur die eine Seite der Medaille.

Wenn ein negativer Sonnen-Mond-Aspekt zwischen ihren Horoskopen gegeben ist, kann es zu einigen feurigen und stürmischen Perioden der Spannung und des Konflikts kommen. Bei einem harmonischen Aspekt zwischen den Planeten wird die Waage eine warme, schöpferische Atmosphäre ausstrahlen, in der Denken und Handeln freien Spielraum haben, und damit dem Selbstvertrauen des Widders reichlich Nahrung geben. Der typische Waage-Geborene wird den Widder-Geborenen gewöhnlich sanft und freundlich behandeln, selten tyrannisch oder mit harten Worten – und dies ist genau die Haltung, die in der Mars-Natur das Allerbeste zum Vorschein zu bringen vermag und den Widder ermutigt, seine vorzüglichsten Eigenschaften zu entfalten. Die Waage wird dabei die Individualität des Widders anerkennen und schätzen.

Wie bei allen 7:7-Beziehungen funktioniert diese Kombination am besten, wenn an ihr zwei Menschen verschiedenen Geschlechts beteiligt sind. Bei einem Waage-Geborenen und einem Widder-Geborenen gleichen Geschlechts wird dagegen oft ein wiederkehrendes Gefühl von Neid, Ressentiment und Rivalität die gute Beziehung stören (es sei denn, daß die Sonnen, Monde und Aszendenten der beiden in einem günstigen Planetenaspekt in den zwei Horoskopen stehen).

Der Widder wird versuchen müssen, das sehr tiefe Bedürfnis der Waage zu verstehen, ihre Kräfte zu schonen und nicht unnötig zu verschwenden. Waage-Menschen sind viel lieber glücklich und umgänglich als launenhaft und streitsüchtig, wenn die Widder nur fair mit ihnen umgehen.

Widder-Frau – Waage-Mann

Waage und Widder stehen auf dem karmischen Lebensrad in Opposition zueinander. Die astrologische Regel besagt nun, daß jeder Mensch sich stark angezogen fühlt durch Personen des anderen Geschlechts, deren Sonnenzeichen zu seinem eigenen in Opposition stehen, aber normalerweise nicht gerade gut auskommt mit Personen des gleichen Geschlechts dieses Zeichens. Daraus könnte man nun folgern, daß die Widder-Frau und der Waage-Mann die idealen Partner füreinander wären, ausersehen, für alle Zeiten glücklich miteinander zu leben.

Von Natur aus füreinander bestimmte Liebespartner sind sie in der Tat, weil die astrologischen Voraussetzungen dafür vorhanden sind. Dazu ausersehen, auch für immer glücklich zusammenzuleben, sind sie möglicherweise nicht, es sei denn, daß ein harmonischer Sonne-Mond-Aspekt zwischen ihnen besteht. Im letzteren Fall können sie ein Leben lang ein Pärchen bleiben, und die Entscheidung hierzu liegt ganz bei ihnen selbst. Wenn dagegen ein unharmonischer Sonne-Mond-Aspekt in ihren Geburtshoroskopen gegeben ist, könnte dies ein »Sich-Begegnen und Wieder-Auseinandergehen« bedeuten.

Der Waage-Mann ist sich seines Charmes und seiner Wirkung auf Frauen voll bewußt. Die Widder-Frau jedoch nimmt ihm seine Flirts sehr übel. Bevor er sich jedoch entscheidet, sie zu verlassen, weil sie ihm den ganzen Spaß verdirbt, fängt er möglicherweise an, über das Wort »Liebe« zu meditieren. Je länger sie im Innern bewahrt wird und Zeit hat, an Tiefe zu gewinnen, ein desto mächtigeres und befriedigerendes Gefühl vermag sie zu sein. Sich aber in die Liebe zu verlieben und um der Heirat willen zu heiraten sind die üblichen Fehler der Waage. Die Partnerin kann noch so reizend und begehrenswert sein; wenn sie nicht genügend Intelligenz besitzt, um sich mit ihm auseinanderzusetzen, mit ihm zu diskutieren und ihn herauszufordern, wird der scharfe Verstand der Waage stumpf. Diese Gefahr besteht allerdings nicht in der Beziehung mit einem Widder-Mädchen. Sie wird ihn mit allen Argumenten, die er möglicherweise gebrauchen könnte, versorgen – und ihn geistig so herausfordern, daß es für mehr als ein Leben ausreichen würde.

Wenn er seine Freiheiten genießen möchte und die Widder-Frau sich darüber ärgert, so sollte sie ihm keinesfalls eine Szene machen, sondern ihr Mars-Temperament zügeln und versuchen, ihn mit logischen Argumenten davon abzubringen. Es ist keineswegs so, daß die typische Widder-Frau die Geduld aufbringt, diesen Ratschlag anzunehmen. Viel wahrscheinlicher schreit sie ihn an – stößt ihn zur Tür hinaus – knallt sie hinter ihm zu – sperrt ab –, um dann die ganze Nacht über wachzusitzen und sich voll unterdrückter Wut und hoffnungsloser Reue die Augen auszuweinen. Dennoch habe ich obigen Vorschlag für jene Widder-Mädchen eingefügt, die meinen, hinsichtlich ihrer Gefühlsentwicklung reif genug zu sein, um sich diesem

Mann gegenüber zu beherrschen. Es ist ja wirklich die einzige Methode, die man vernünftigerweise der Waage gegenüber anwenden kann: Fairneß, Logik und Vernunft.

Die typische Widder-Frau hält nicht nach einem Muskelprotz Ausschau. Sie wünscht sich einen Mann, dessen geistige Muskeln gut ausgebildet sind. Beim Waage-Mann ist das der Fall. Er wird bei ihr Gefühl und Verstand anregen und herausfordern. Sie braucht lediglich ein Thema zu wählen, und er wird tausend Dinge dazu – pro und contra – zu sagen haben. Da sie schon auf die geringste Andeutung einer Kontroverse angeregt reagiert, wird sie an den gemeinsamen Debatten wirklich Freude haben, jedenfalls solange beide sich an die Regeln halten. Er wird diesen Ratschlag leichter befolgen können als sie. Takt und Höflichkeit liegen in der Natur der Waage, während eine solche Rücksichtnahme dem Widder schwerfällt.

Diese Frau ist im Grund nicht rücksichtslos und selbstsüchtig – sie ist gedankenlos. Es ist wahrhaftig nicht ihre Absicht, grob und unfreundlich zu sein, und schon gar nicht dem Mann gegenüber, den sie liebt. Sie überlegt einfach nicht, bevor sie ihre Meinung von sich gibt.

Wenn jemand eine Widder-Frau darauf aufmerksam macht, daß sie sich unvernünftig und zu impulsiv verhält – und er diesen Hinweis in einer taktvollen, freundlichen und liebenswürdigen Art gibt, wird sie diesem immer Beachtung schenken. Er wird sie sanft korrigieren und in einer liebevollen, zärtlichen Weise versuchen, ihr ein Erkennen ihrer Fehler zu ermöglichen. Was in zehn Fällen neunmal wie ein Zauber wirken wird. Im zehnten Fall sollte er die Finger davon lassen und sich glücklich schätzen. Man kann nicht jedesmal gewinnen. Unglücklicherweise *möchte* die Waage immer gewinnen – bei jeder Debatte, Diskussion und Kontroverse, bei jedem Streit und jeder Meinungsverschiedenheit. Das gleiche gilt für den Widder. Wenn also nicht einer der beiden wenigstens ab und zu, wohlwollend und ohne sich etwas zu vergeben, eine Niederlage akzeptieren kann, wird es niemals Frieden geben in dieser Beziehung – und Frieden ist genau das, was der Waage-Mann ebenso unverzichtbar benötigt, wie die Widder-Frau, die er liebt, ohne Aufregung nicht leben kann.

Es wäre für sie von Nutzen, wenn sie versuchte, ihm den so dringend benötigten Frieden zu geben, weil dann etwas von dieser wohltuend zärtlichen Atmosphäre auch sie umhüllen, ihre Enttäuschungen lindern und ihre Angst vor Zurückweisung abbauen würde.

Der unerschütterliche Optimismus des Waage-Mannes wird unmittelbar im Herzen der Widder-Frau die Saiten harmonisch zum Klingen bringen. Denn dieser Optimismus befindet sich im Einklang mit ihrem eigenen heiteren Vertrauen in das Morgen. Ihre naive Zuversicht, daß sie nur intensiv genug und lange genug an etwas zu glauben brauche, damit es in Erfüllung gehe, wird die gleiche Reaktion in ihm auslösen und ihm oft vor Rührung Tränen in die Augen zaubern (denn er ist sentimental).

Güte und Freundlichkeit sind die beiden Eigenschaften, die sie am meisten an ihm liebt. Genau die gleichen Eigenschaften liebt er an ihr am meisten. Beide sind sie gütig und freundlich. In einer Welt, in der die Menschen gewöhnlich kühl, distanziert und aneinander nicht interessiert sind, ist dies nicht selbstverständlich – und es bildet eine erstaunlich starke Grundlage für ihre Beziehung.

Da es sich hier um eine 7:7 Sonnenzeichen-Beziehung handelt, werden der Waage-Mann und die Widder-Frau nur sehr selten auf dem Weg zum oder vom Schlafzimmer miteinander streiten. Ihre körperliche Beziehung erscheint ihr zuerst wie der reale und fühlbare Ausdruck all der Liebesgedichte, über denen sie träumend verweilte, während sie auf den Ausbund von Tugend wartete, von dem sie sich in ihrem Herzen vorstellte, daß er lebendig würde.

Und hier liegt das Problem: Diesen Mann zum »Leben« zu bringen. Die Waage hat zum Sex einen geistigen, leichten und unbeschwerten Zugang. Waage-Männer sind auf der Suche nach leuchtenden Idealen und immer neuen, ungewöhnlichen Erfahrungen erotischer und sinnlicher Art, die einmal so außergewöhnlich und ein andermal so hochfliegend sind, daß sich die Widder-Frau nach etwas Solidem zum Anfassen und Festhalten sehnt, wie zwei starke Arme, von denen man nicht nur träumen, sondern die man auch konkret fühlen und berühren kann. Vergeistigte Liebe und Sexualität, die ausschließlich auf ästhetische Reize reagiert, kann dem Widder keine Erfüllung bringen.

Widder-Frauen brauchen viel liebevolle Zuneigung und feurige Liebesbezeigungen, um in einer körperlichen Beziehung sich ganz und gar befriedigt zu fühlen.

Widder-Mann – Waage-Frau

Dem Waage-Mädchen fällt es gewöhnlich nicht schwer, den Widder dazu zu bringen, ihr seine Tür oder sein Herz zu öffnen. Er kann ihrem Charme nicht widerstehen, der Art und Weise, wie sie alle seine wunderbaren Eigenschaften herausstellt und bewundert, über deren Vorhandensein er sich zwar vollkommen im klaren ist, die aber von anderen (wie ihm scheint) immer übersehen werden – er kann der erotischen Spannung zwischen ihnen, die ihr sexuelles Verhältnis so erfolgreich sein läßt, nicht widerstehen, auch nicht ihrer weiblichen Sanftheit. (Das ist so am Anfang. Später wird er dann einige Überraschungen hinsichtlich ihrer »weiblichen Sanftheit« erleben.) Außerdem ist sie wahrscheinlich sehr schön, und jeder Widder-Mann träumt davon, eine Freundin oder Ehefrau zu haben, um die andere Männer ihn beneiden. Es ist ihm ein Bedürfnis, stolz zu sein auf die Frau, die er liebt; er muß sie herzeigen und mit ihr prahlen können. Sie soll immer hübscher und geistreicher sein als andere Frauen, so daß jedermann sofort erkennt, daß er den ersten Preis im Glücksspiel der Liebe gewonnen hat. (Widder-Geborene haben diesen angeborenen Tick, immer zu gewinnen.)

Da sie wahrscheinlich sehr vielen anderen Frauen überlegen ist, hochintelligent und aufreizend attraktiv, wird diese Frau alle Forderungen seiner Mars-Natur erfüllen, und der Anfang ihrer Beziehung wird voller Wonnen sein.

Später aber mag die in einen Widder-Mann verliebte Waage-Frau finden, daß sie häufig aus ihrem Gleichgewicht gebracht wird. In Anbetracht ihrer nahezu neurotischen Reaktion auf den Zwang von ihm, sofort handeln zu müssen, bevor sie sich über das, was sie tun möchte, ganz und gar im klaren ist, könnte ihre Beziehung einige wechselhafte und stürmische Zeiten erleiden.

Eines der erfreulichen Dinge an einem Widder-Geborenen ist, daß er über sich selbst lachen kann und selten seine gute Laune verliert, wenn ihm seine Fehler aufgezeigt werden (sanft, nicht grob oder in einer strengen kritischen Haltung). Aber dann und wann müssen sie ihm einfach vor Augen gehalten werden.

Auch sie versteht es, sich lieb zu entschuldigen. Wie der Widder scheut sich auch die Waage nur selten, Irrtümer einzugestehen und diese zu bedauern. Tatsächlich mag sie zu schnell bereit sein, Fehler zuzugeben – oder genauer: es kann sein, daß sie zu schnell bereit und gewillt ist zu entscheiden, daß ihre Entscheidung (oder ihre Handlung) falsch gewesen sein könnte. Sie wird sich Sorgen machen, wenn sie seine Gefühle verletzt hat, und versuchen, es taktvoll irgendwie wiedergutzumachen. Bei diesem Mann wird sie oft Gelegenheit haben, dies zu tun. Wiedergutmachen, das bedeutet – sich entschuldigen und büßen für das Verletzen von Gefühlen, nur weil dieser Mann überempfindlich ist. Er wünscht, daß jeder – die Familie, Freunde, Fremde – und natürlich seine Frau ihn gern hat, ja sogar liebt.

Sie wird die ganze Logik und Überzeugungskraft der Waage aufwenden, um ihm verständlich zu machen, daß nicht alle Menschen dieser Welt ihn lieben können. Das aber wird wenig Eindruck auf ihren Widder machen. Er wird nicht verstehen können, warum seine schlimmsten Feinde – unabhängig davon, was er gesagt oder getan hat, um sie zu ärgern – ihn nicht lieben und bewundern. Sie sollten doch begreifen, daß er letzten Endes im Recht war – und daß er es nicht böse meinte.

Von Natur aus ist eine von der Venus regierte Frau mehr als die meisten anderen Frauen in der Lage, die heikle Situation, in die sie der Widder-Mann, den sie liebt, durch sein schnelles und hitziges Temperament und seine noch schnelleren Versöhnungen bringt, auszugleichen. Sie ist zärtlich, fraulich, logisch und intelligent und erfahren. Aber sie wurde unter einem männlichen Zeichen geboren und kann sich deshalb zuweilen querstellen, wenn sie das Gefühl hat, daß er sich ganz und gar unfair verhält. Wahrscheinlich jedoch wird ihn dies nicht ändern. Er wird entweder grantig sein oder wütend zur Tür hinausstürmen oder sich eingeschnappt zurückziehen und davon überzeugt sein, daß sie ihn haßt.

Es wäre für eine Waage-Frau nicht ratsam, diesem Mann ihre eiserne Faust unter dem Samthandschuh zu oft spüren zu lassen. Er merkt es, wenn er manipuliert wird. Selbst wenn er ernsthaft vorhat, etwas Bestimmtes in einer Angelegenheit zu unternehmen, wird er es wahrscheinlich nicht tun, wenn er glaubt, daß sie es von ihm erwartet. Nicht weil er ihren Motiven gegenüber mißtrauisch ist, sondern weil ihm davor graust, irgend etwas zu tun, das ein anderer ihm suggeriert oder womöglich ihm offen zu tun *befiehlt*.

Die Tatsache, daß sie es liebt, jede kleinere oder größere Entscheidung zu erörtern (zu diskutieren, debattieren oder was auch immer), wird ihr den typischen Widder-Mann bestimmt nicht entfremden. Er betrachtet dies als Kontroverse, Herausforderung, Aufregung! Er wird nicht zurückweichen, keinen Zentimeter – bis er tatsächlich gewinnt (oder bis seine kluge Waage-Dame ihm zu glauben gestattet, er habe gewonnen). Dann ist er stolz, mit sich selbst zufrieden und glücklich. Und er wird sie mit all der liebevollen Zuneigung und Zärtlichkeit behandeln, die sich eine Frau nur wünschen kann.

Die Vorstellung, die dieser Mann von seiner eigenen Sexualität hat, ist sehr eng mit seiner Fähigkeit verbunden, in den Augen der geliebten Frau immer im Recht zu sein und überall als Sieger hervorzugehen. Sie muß ihn respektieren und lieben, ihm zustimmen und zu ihm aufschauen, damit er seine beträchtliche Mars-Männlichkeit als Liebhaber angemessen entfalten kann. Wenn er sich auf intellektueller Ebene oder in irgendeiner anderen Hinsicht zurückgewiesen fühlt, wird er zu Widder-Eis gefrieren (das immer ernstzunehmen und beständiger ist als das Widder-Feuer – oder feurige Wutausbrüche). Ihre sexuelle Beziehung wird normalerweise außergewöhnlich glücklich und zufriedenstellend sein. Ihre Weiblichkeit und seine Männlichkeit harmonieren auf eine sehr natürliche Weise wunderbar und reibungslos. Er muß die Führung übernehmen, sowohl in ihrem sexuellen Zusammensein als auch sonst. Wenn sie dies zuläßt und die dahinterstehenden Bedürfnisse versteht, wird er der empfindsamste, romantischste, gefühlvollste, liebevollste und leidenschaftlichste Liebhaber sein, den sie sich nur vorstellen kann. Dagegen kann er ein anspruchsvoller Tyrann werden, wenn sie sein für ihn so äußerst notwendiges Vertrauen in sich selbst zerstört.

Wenn man bedenkt, daß der Widder gern auf felsigen Abhängen herumspringt und die Venus-Dame in der unsicheren Welt der schwankenden Schalen ihrer goldenen Waage lebt, in welcher schon der geringste Lufthauch ihre innere Harmonie und ihre äußere Ruhe stören kann, gelingt es diesen beiden oft und mit erstaunlichem Erfolg, ihre entgegengesetzten Veranlagungen harmonisch miteinander zu verbinden.

Obwohl ihre Charaktere eine eindeutige Polarität bilden, passen der vom Mars beherrschte Mann und die von der Venus beherrschte Frau hervorragend zueinander. Die Wahrscheinlichkeit, daß dies geschieht, ist gering, es sei denn, sie hat in ihrer Geburtsgraphik den Mond oder Aszendenten der Jungfrau, Schütze, Krebs oder Steinbock – oder viele Planeten in den Erdzeichen. Takt und Besonnenheit sind tief in ihrer Natur verankert und verbinden sich ausgezeichnet und ausgewogen mit ihrem eigenen wohlgeformten und kontrollierten, kraftvollen Elan und ihrem angrifflustigen Wesen. Die Waage-Frau kann die berauschende Freiheit und die aufregende geistige Aktivität, die sie sucht, durch diesen Mann finden – und der Widder wird die romantische Atmosphäre genießen, die die Waage-Frau herbeizaubern kann.

Die Waage-Dame ist »ganz Frau«. Sehr wenige Männer sind der starken Kombination von männlicher Bestimmtheit und weiblicher Zartheit gewachsen. Aber der Widder-Mann ist dazu geboren, höchste Herausforderungen anzunehmen und sie zu meistern. Er ist hart und stark – er ist das, was man einen männlichen Mann nennen würde. Es ist die Atmosphäre von unerreichbaren Höhen und sehnsüchtigem Verlangen, die ihn umgibt und so jung erscheinen läßt . . .

Sie wird selten oder niemals seine enthusiastische Spontanität in unnachgiebiger Kritik, Sarkasmus, stillem Schmollen, langem und drückendem Schweigen oder dadurch, daß sie sich ihm entzieht, ertränken – und das wird er schätzen.

Der Kern aller möglichen Schwierigkeiten liegt in dem Führungsanspruch, den beide erheben, da Widder und Waage Kardinalzeichen sind. Sie werden lernen müssen, Seite an Seite zu leben, einander ebenbürtig, und nicht als Herr und Knecht. Es ist der einzige Weg, der jeden der beiden nach Hause, zu dem Herzen des anderen zurückfinden läßt, wenn sie miteinander gestritten haben und sie beide tief verletzt sind. Die einzig echte Sicherheit, die man haben kann, besteht darin, von jemandem geliebt zu werden, der einen so akzeptiert, wie man eben ist.

Die Widder-Skorpion Beziehung

Im verborgenen Grunde ihres Herzens stellen sich Widder-Männer und -Frauen recht gern als verwegene Piraten vor. Immerhin sind Piraten tapfer, romantisch und kühn. Aber der Widder verschwendet oft seine Mars-Energie, indem er unmittelbar emotional reagiert und dadurch unüberlegt handelt, das heißt, in der Defensive kämpft. Ein Widder greift niemals an, wenn ihm selbst nicht zuvor ein Schlag versetzt wurde. Denken Sie daran, daß der Widder das symbolische Kind des Tierkreises ist, und Kinder nur schreien, wenn sie nicht beachtet werden oder wenn jemand sie mit einer spitzen Sicherheitsnadel sticht. Schließlich ist dies ihre einzig mögliche Verteidigung gegen Schmerz oder Vernachlässigung. Wenn ernsthaftere Gefahren drohen, kommt ihnen ihr Beschützer Mars zu Hilfe.

Skorpion-Geborene dagegen sind Meister des Angriffs – eines Angriffs, der mit kluger und kühler Strategie, besonnener Geduld und einem geradezu unheimlichen Spürsinn für die Schwächen der anderen eingefädelt und ausgeführt wird. Sie werden niemals erleben, daß Skorpione unvorbereitet daherkommen oder wild um sich schlagen. Wenn sie schlagen, gilt ihr Schlag dem Ziel, und sie treffen ins Schwarze.

Seltsamerweise wird ein Widder, wenn er es mit einem Skorpion zu tun hat, gewöhnlich nicht sofort voranstürmen, wie er dies bei allen, die unter irgendeinem anderen Sonnenzeichen geboren wurden, macht. Da ist etwas an diesen unwiderstehlichen Pluto-Augen, in denen sich ruhige Gelassenheit und verborgene Stärke spiegelt, das dem Widder eine Botschaft zublitzt, die »Gefahr« signalisiert. Wenn es zu einer wirklichen Kraftprobe kommt, ist ein Widder härter, lauter und unverschämter als ein Skorpion. Aber wenn es soweit gekommen ist, wird der typische Skorpion-Geborene, in distanziertes Schweigen gehüllt, einfach verschwinden und es dem Widder überlassen, über dieses rätselhafte Verhalten nachzudenken. Bedeutet sein Weggehen das Eingeständnis einer Niederlage – oder bedeutet es, daß »ich zu weit gegangen bin«? Um es anders auszudrücken, selbst wenn Sie anscheinend einem Skorpion gegenüber recht behalten und der Gewinner sind, können Sie dessen niemals sicher sein. Sie sind dabei immer auf Vermutungen angewiesen.

Der durchschnittliche Widder-Geborene lernt relativ schnell, daß die beste Methode, mit einem Skorpion umzugehen, die Kooperation ist – in einer sicheren und respektvollen Distanz. Die intimen Beziehungen bei Liebesaffären sind etwas ganz anderes. Im Moment befassen wir uns mit den Auswirkungen der 6:8-Sonnenzeichen-Kombination auf Widder und Skorpion in den Beziehungen zwischen Geschäftspartnern, Freunden oder Familienangehörigen.

Der Skorpion ist äußerst treu und verstößt niemals gegen Prinzipien, was beim Widder, der ebenfalls sehr loyal ist und es gleichermaßen verachtet, Ideale oder moralische Integrität aufs Spiel zu setzen, große Anerkennung findet. Der Skorpion gibt sich niemals geschlagen, gibt niemals eine Niederlage zu. Der Widder ist ebenso glühend darauf aus zu gewinnen. Nur Weichlinge geben auf und geben nach. Jedermann weiß das. Diese beiden wissen es mit Sicherheit.

Da gibt es jedoch eine andere unfaßbare, undefinierbare Eigenschaft des Skorpions, die zu ergründen dem Widder unmöglich erscheint. Ist es Willenskraft? Oder ist es einfach – Wille? Es ist das letztere, und es ist verantwortlich für die starke, emotional geladene Atmosphäre, die selbst den ruhigsten, *scheinbar* harmlosen Skorpion umgibt. Nun, das bedeutet nicht, daß jeder Skorpion wie Drakula daherkommen muß. Viele dieser Männer und Frauen sind zweifellos liebenswürdige und angenehme Persönlichkeiten. Sie sind interessant, intelligent und höflich. Aber schüchtern, unsicher und hilflos *sind* sie *nicht* – und der Widder sollte sich nicht täuschen lassen von ihren sanften Stimmen, ihrer unaufdringlichen, bescheidenen Haltung und ihrem Mangel an offener Aggressivität. Bei dieser Beziehung ist es immer angebracht, sich daran zu erinnern, daß die Elemente Feuer und Wasser sich verbinden und daß jedes der beiden die latente Fähigkeit besitzt, das andere zu zerstören.

Skorpion-Geborene sind hervorragende Lehrer der Willenskraft und Ausdauer für einen hitzigen Widder, der dazu neigt, in einem Feuerwerk von Enthusiasmus zu explodieren, um dann das Interesse zu verlieren, bevor die Funken erloschen sind.

Die emotionale Kälte, die der Skorpion zuweilen verbreiten kann, ist imstande, das feurige Widder-Herz wie auch dessen Mut und Selbstvertrauen zu brechen.

Gelegentlich wird es Augenblicke geben, in denen der feste, durchdringende Blick des Skorpions, der ärgerliche Mißbilligung oder unterdrückten Willen anzeigt, einem Widder ausgesprochen gespenstisch vorkommt und ihn, ungeachtet seines Mars-Herrschertums, innerlich beben läßt. Ein Skorpion, der sich über den Eigensinn seines Widders über alle Maßen ärgert, wird einfach für ein paar Sekunden völlig stumm werden.

Einige Skorpione werden zu Sklaven ihres eigenen Willens. Das kann so weit gehen, daß sie selbst dann an der Verfolgung eines Zieles festhalten, wenn es offensichtlich wurde, daß eine Fortsetzung des eingeschlagenen Weges mit Sicherheit zur Selbstzerstörung führt. Der Widder kann diese Art von äußerst zwanghaftem Verhalten, das man später bereut, sehr gut verstehen.

Aber der Widder ist ein positives Feuerzeichen – der ungestüme, von Mars getriebene Kämpfer, den die Hingabe an eine Sache und die Herausforderung durch eine gefährliche Aufgabe innerlich bewegt. Der Skorpion ist ein negatives Wasserzeichen – der erfahrene Veteran, der über einen ausgesprochen guten Realitätssinn verfügt und die Stärke besitzt, in Notsituationen auszuharren, ohne sich Illusionen zu machen. Ihre Strategien sind sehr verschieden. Der Widder *verteidigt*, mit wildem Mut, an vorderster Front. Der Skorpion *greift an*, plötzlich, unerwartet, von hinten.

Widder-Frau – Skorpion-Mann

Der Skorpion-Mann ergründet das Leben durch und durch und dringt bis zu seinen innersten Geheimnissen vor. Er besitzt eine beinahe übermenschliche Fähigkeit, Tatsachen, die ihn oder andere betreffen, ins Auge zu sehen. Es kann deshalb ein wenig furchterregend werden, wenn er Sie sehen läßt, was sich wirklich hinter seiner Maske von unerschütterlichem Selbstvertrauen abspielt. Was macht eine Frau, wenn ihr ein solches Geheimnis anvertraut wurde? Wenn sie ein Widder ist, verliebt sie sich gewöhnlich in seine unglaubliche Stärke.

Er mag ihr erlauben, an Dingen teilzuhaben, die er niemals zuvor einem anderen Menschen offenbart hat. Aus diesem Grund bewundert er an ihrem Charakter das Fehlen weiblicher Verstellungskünste. Er ist empfänglich für ihre erfrischende Naivität und ihr Vertrauen zu ihm. Folglich kann die Liebe zwischen Widder und Skorpion eine Tiefe gewinnen, die im Hinblick auf leidenschaftliche Hingabe und geistige Verbundenheit selten erreicht wird.

Da keiner der beiden jemals zufrieden ist, bevor nicht der Becher der Leidenschaft bis zum letzten Lusttropfen geleert ist, sind sie ein Paar, das gut zueinander paßt. Geistig jedoch sind sie so weit voneinander entfernt, wie zwei Menschen es überhaupt sein können.

Sein Pluto-Verstand ist scharf, kritisch, vorsichtig und skeptisch. Ihre Mars-beherrschte Art zu denken ist sorglos, direkt, impulsiv und unkompliziert. Dieser Unterschied in ihrer geistigen Einstellung kann sie einen von zwei Wegen einschlagen lassen. Er kann ihre Beziehung interessant und aufregend machen, aufgrund des Gesetzes, daß sich Gegensätze anziehen – oder er kann das »Gesetz brechen« und sich zu einem solchen Abgrund ausweiten, daß sie sich nicht mehr verständigen können.

Bevor jedoch diese Beziehung das Stadium einer »immer-und-ewig-währenden« Verbindung erreicht, wird dieser Mann ein paar prüfende Fragen gestellt haben, und niemand stellt solche Fragen gründlicher als ein Skorpion, selbst wenn er nur mit seinen Augen fragt. Wird sie die kalte, harte Wahrheit, die er häufig für sie bereit haben wird, von ihm annehmen, mit

Sanftmut und Hochachtung? Nein. Sie wird dies nicht tun. Wird sie bei seinem harmlosesten Skorpionstich schon zusammenbrechen? Nein. Sie wird nicht zusammenbrechen. Ihre Reaktion auf Verletzung und Schmerz mag irgendwo zwischen kindlichem Koller und heftigem Wutanfall zu finden sein. Wird sie jammern und heulen, weil er ein paar Stunden mit einem hübschen Mädchen spricht? *Wenn er was tut?* Nein. Sie wird nicht jammern und heulen. Sie wird *anderen* Interessen nachgehen. *Ihren* Interessen.

Die Schwierigkeiten könnten beginnen, wenn er entdeckt, daß er dieser Frau niemals beibringen wird, ihre Gefühle vollständig unter Kontrolle zu haben, um damit seiner eigenen kühlen Gelassenheit zu entsprechen. Solange alles gutgeht, wird er ihre aggressive Art akzeptieren. Er kann sogar daran Gefallen finden. Wenn sie ihn aber beharrlich dazu zwingt, sich einer Gefühlsstruktur anzupassen, die seiner Natur widerspricht, wird er eine Kehrtwendung vollziehen wie ein Skorpion, dem man auf seinen Schwanz tritt – und zuschlagen. Skorpione sind bekannt dafür, daß sie einen Tritt immer vergelten, selbst wenn er nicht beabsichtigt war.

Wenn ein Skorpion mit einer Situation konfrontiert wird, die er unerträglich findet, verschwendet er seine Zeit nicht, indem er versucht, sie aus dem Weg zu räumen, wie der Stier – indem er Pläne ersinnt, um sie zu umgehen, wie die Waage – oder indem er sie als vom Schicksal bestimmt akzeptiert wie die Fische. Nur die totale Beseitigung des seinen Seelenfrieden störenden Gegenstandes wird ihn zufriedenstellen. Wenn ihm eine Kränkung in einer Liebesaffäre zugefügt wird und er darunter leidet, genügt es nicht, sich einfach von dem Mädchen und dieser Liebesbeziehung zu trennen. Er wird seine unglaubliche Willenskraft auf eine vernichtende, bittere Verdammung aller intimen Beziehungen und der Institution der Ehe selbst richten. Der Skorpion bleibt bei allem, was er tut (einschließlich Verehrung, Treue und natürlich Redlichkeit), nicht auf halbem Wege stehen.

Bei einer romantischen Liebesattacke eines Skorpions distanziert zu bleiben, erfordert eine Objektivität, die die meisten Widder nicht besitzen, besonders angesichts der Tatsache, daß es sich hier um eine 6:8-Sonnenzeichen-Beziehung handelt. Der Widder ist das sechste astrologische Haus des Dienstes für den Skorpion. Der Skorpion dagegen ist das achte Haus der Sexualität für den Widder. Und so läuft es ungefähr ab. Sie dient ihm in vielerlei Hinsicht und zeigt sich dabei überraschend fügsam und gelehrig, und er sorgt bei ihr für Erfüllung auf sexuellem Gebiet. Natürlich ist diese Gegenseitigkeit nicht immer so einfach und klar. Grundsätzlich aber wird die Beziehung zwischen den beiden bei ihr eine merkwürdige Neigung, sich diesem Mann unterzuordnen, zu Tage fördern, während er ihren tiefsten Wunsch nach physischer Bestätigung befriedigen wird. Ihre gegenseitige sexuelle Anziehungskraft kann bis ins hohe Alter fortbestehen, ohne daß auch nur etwas von der ursprünglichen Leidenschaft verblaßt.

Der einzige Bereich, in dem die Sexualität zwischen ihnen Probleme aufwerfen kann, ist die Eifersucht: ihre Neigung, seine starke Anziehungskraft auf Frauen zu übertreiben und ihn der Untreue zu beschuldigen, oder sein typisches Skorpion-Mißtrauen, das ihn verleiten kann, ihre freie und freundliche Art, mit Männern umzugehen, als Flirt zu interpretieren. Er sollte sich vergegenwärtigen, daß sie zu ehrlich ist und eine viel zu hohe Vorstellung von der Liebe hat, um Ehebruch zu begehen, ohne dazu aufs äußerste provoziert worden zu sein, und selbst dann wird sie es, fast bevor es passiert ist, eingestehen.

Wenn seine Triebe zu Hause befriedigt werden, wird er absolut immun bleiben gegenüber den Verlockungen anderer Frauen. Deshalb liegt das Problem seiner sexuellen Treue ganz in ihrer Verantwortung, und sie wird sie übernehmen oder die Konsequenzen tragen müssen.

Wenn es ihm gelingt, ihre Anwandlungen von Eifersucht, ihre finanziellen Extravaganzen, ihr häufiges Verlangen, Aufmerksamkeit zu erregen, und ihre etwas unreife emotionale Einstellung gegenüber allen Problemen zu übersehen, wird er bei der Widder-Frau alles finden, was er jemals in einer Frau gesucht hat.

Widder-Mann – Skorpion-Frau

Für einen Widder-Mann, der vorhat, sich mit einer Skorpion-Frau einzulassen, ist es nur vernünftig, auf das Schlimmste vorbereitet zu sein, auch wenn er das Beste erwartet – und tatsächlich erhält. Gewarnt sein heißt gewappnet sein, und es kann niemals schaden, einem Skorpion gegenüber gewappnet zu sein.

Skorpione sind fähig, alle möglichen Dinge zu tun – entweder seltsame und furchterregende oder unheimliche und wunderbare Dinge –, und sie lassen einen niemals vorher wissen, was sie im Schilde führen.

Es gibt wirklich keine andere Möglichkeit, mit einer Skorpion-Dame auszukommen – man muß ihr erlauben, sich die Genugtuung zu verschaffen, daß sie die Gefühlsverletzung oder Kränkung, die ihr zugefügt wurde, zurückgezahlt hat, und sollte dann kein weiteres Wort mehr darüber verlieren. Eine der weniger unmittelbaren Belohnungen für eine solche Gefühlskontrolle und Gefühlsreife wird ihr wachsender und sicherer, tieferer Respekt vor ihm sein. Da das eben beschriebene Reaktionsmodell das absolut einzige ist, das der Skorpion anerkennt, ist es auch das einzige, das stark genug ist, ihre Beziehung auf einer partnerschaftlichen Grundlage zu erhalten. Sie hat in ihrer Hand die Trumpfkarte – Selbstkontrolle. Die richtige Art und Weise, eine solche Frau zu behandeln und zu halten, besteht offensichtlich darin, die Kontrolle über sich selbst nicht zu verlieren.

Er kann sich, wenn ihm der Mut zu sinken droht, daran erinnern, daß diese Frau dem Mann gegenüber, den sie liebt, genau so treu ist, wie sie entschlossen ist, ihm nicht zu erlauben, sie in ihren Gefühlen zu verletzen. Wenn eine Dame mit einem Skorpion-Sonnenzeichen, -Mondzeichen oder -Aszendenten sich verliebt, sind ihre Freunde, ihre Familie, ihre Karriere, ihr Ruf, ihre eigenen Sorgen nicht von Belang. Sie wird keinen Augenblick lang zögern, offen ihre Verachtung für jeden zu zeigen, der gewillt ist, ihrem gemeinsamen Glück im Weg zu stehen, ihre Liebe in ein schlechtes Licht zu rücken oder ihrem Mann auf irgendeine Weise zu schaden. Eine Ergebenheit von solcher Intensität sollte es leicht machen, hinwegzusehen über die Art, in der sie gelegentlich bei ihren persönlichen Auseinandersetzungen gegen ihn vorgeht. Widder haben das Bedürfnis, immer geliebt zu werden – oder überhaupt nicht. Und das ist genau die Art, in der der Skorpion liebt. Immer – oder überhaupt nicht.

Der Widder-Mann erweist sich als kompetent und mutig, wenn er es mit einer Situation zu tun hat, die er verstehen kann, aber es fehlt ihm die Fähigkeit, erfolgreich jener Art von Argumenten entgegenzutreten, die seinen Horizont übersteigen. Es wird ihn verwirren, wenn sie sich weigert, ihn mit den Waffen seiner Wahl zu bekämpfen; aber langfristig wird es die Wirkung haben, ihn zu bändigen, was zu einer wachsenden emotionalen Reife führen kann. Obwohl das Lieben und Leben mit einer Skorpion-Geborenen ein wenig holperig verlaufen mag, wird es die feurige Persönlichkeit des Widders besänftigen und – wie keine andere Erfahrung, die er jemals zuvor gemacht hat – seine Augen gegenüber den Mars-Fehlern des Egoismus, der Voreiligkeit und der Impulsivität beim Sprechen öffnen. Wenn er sie wirklich liebt, kann sie ihm vieles beibringen – und er ihr ebenfalls.

Die sexuelle Anziehungskraft zwischen einem Widder-Mann und einer Skorpion-Frau ist unmittelbar, beinahe magnetisch, und kann immer befriedigend bleiben. Ihre physische Beziehung wird niemals gleichgültig oder zufällig sein. Sex, verbunden mit Liebe, ist die Formel, die der Suche des Skorpions nach persönlichem Glück zugrunde liegt, und in der gleichen rühmlichen Weise sucht der Widder sein nur verschwommen erkennbares Ideal zu befriedigen. Er muß auf sexuellem Gebiet derjenige sein, der erobert, und sie wird ihm erlauben, dies zu tun; aber sie wird nicht passiv sein, sie wird ihm durch ihr erotisches Verhalten auf halbem Wege entgegenkommen. Ihre intensive Reaktion auf seine Liebe, verbunden mit ihrer Bereitschaft, sich ihm physisch unterzuordnen, bedeutet das äußerste in der ekstatischen Vereinigung für diesen Mann, der eine richtige Frau sucht, niemals eine bewegungslose Partnerin, aber auch nicht eine dominierende Gefährtin, die ihn zu überwältigen versucht. Im Innersten seines Herzens ist er der ursprüngliche, männliche und dennoch reine und unschuldige Adam – im Innersten ihres Herzens ist sie die ursprüngliche, verführerische und geheimnisvolle Eva. Wenn nicht einer der beiden eine für Mars oder Venus wirklich ungünstige Planetenstellung in seinem Geburtshoroskop hat (was bei diesen beiden zu verschiedenen Formen des Sadismus und Masochismus führen kann), wird es beim Schlafengehen keinen Zweifel darüber geben, wer der Mann und wer die Frau ist.

Eine Skorpion-Frau kann es ihm nicht verzeihen, wenn sie von ihm nicht die Liebe bekommt, die sie sich wünscht, sei es im oder außerhalb des Schlafzimmers. Gelegentlich, wenn er unwissentlich ihre Gefühle verletzt hat, verweigert sie sich ihm, um ihn so zu bestrafen, was ein großer Fehler ist, da es ihn sehr leicht zu einem unsicheren und deshalb selbstsüchtigen Liebhaber machen kann.

Der Skorpion ist gezwungen, gewaltsam in das Unbekannte einzudringen, um zu *wissen*; wenn er eingeweiht ist, bewahrt er das Geheimnis. Der Widder stürzt sich verwegen in das Unbekannte hinein, um Wahrheit und Glück zu entdecken; was er erfahren hat, teilt er enthusiastisch und freimütig mit. Hier besteht ein wesentlicher Unterschied zwischen ihnen, der nur überbrückt werden kann durch gegenseitiges Vertrauen und Verzeihen, wann auch immer er auftaucht.

Die Widder-Schütze Beziehung

Beide Sonnenzeichen befürchten, daß sie etwas verpassen könnten. Deshalb setzen sie sich nicht gern früh zur Ruhe, gehen bei einer Party ungern vor den letzten Gästen nach Hause – und bleiben stehen, wenn sich zwei auf der Straße streiten. Immer wieder bekommen Widder und Schützen den Rat: »Halt dich da 'raus. Kümmere dich um deine eigenen Angelegenheiten. Die Sache ist aussichtslos.« Der letzte Rat ist falsch. Die zwei würden für jede Sache Tausende von Kilometern zurücklegen, und wenn es sich um eine aussichtslose Sache handelt, dann können sie nicht einfach nur danebenstehen, ohne wenigstens ihr Bestes versucht zu haben. Die Tatsache, daß eine Sache sie nichts angeht, macht sie um so interessanter, denn beide Sonnenzeichen sind voller Neugier und Wissensdurst, außerdem sind sie fest davon überzeugt, auf alle Fragen die richtige Antwort zu wissen.

Widder und Schütze sind von allen Tierkreiszeichen die am meisten unfallgefährdeten (dicht gefolgt vom Wassermann an dritter Stelle). Es liegt nicht nur an ihren soeben beschriebenen Eigenschaften, sondern Widder-Männer und -Frauen stecken ihre Hörner in alles hinein, worüber andere nicht einmal zu flüstern wagen. Schützen (deren Symbol der Zentaur mit Pfeil und Bogen ist) sind schon von Natur aus ein wenig plump und ungeschickt. Es ist nicht leicht, mit einem Körper, der halb Mensch, halb Pferd ist, im Gleichgewicht zu bleiben. Und es ist auch kein einfaches Unterfangen, eine Persönlichkeit in der Balance zu halten, die halb Philosoph und halb Clown ist.

Meistens kommen Widder und Schütze sehr gut miteinander aus, denn sie haben sehr viele Gemeinsamkeiten – so ihren sehr stark ausgeprägten Idealismus. Niemand ist idealistischer als der naive Widder.

Widder und Schütze haben noch etwas gemeinsam, und zwar lieben sie heiße Diskussionen. Höchstens eine Waage amüsiert sich noch mehr bei verbalen Auseinandersetzungen. Aber bei der Waage spielt der Wunsch nach Fairneß und Gerechtigkeit logischerweise eine große Rolle. Die Gründe, weshalb Widder und Schütze einfach keine Gelegenheit zum Disput auslassen können, sind ganz andere. Der Widder beginnt einen Streit, weil jemand es gewagt hat zu behaupten, daß er unrecht hat, wissen doch Widder, daß sie immer unfehlbar im Recht sind. Ein Schütze streitet sich, weil er der Überzeugung ist, daß nicht die Wahrheit gesagt wird, und das ist etwas, was der Schütze überhaupt nicht ertragen kann.

Gewöhnlich bewundert der Widder die Aufrichtigkeit des Schützen und verteidigt ihn sogar deswegen, denn auch Widder sind stolz auf ihre Wahrheitsliebe. Die hört allerdings dort auf, wo es darum geht, die Wahrheit über sich selber anzuhören. Hier unterscheiden Widder und Schütze sich sehr voneinander. Der Schütze kann mit ebenso großer Offenheit respektlose Bemerkungen über sich selbst machen, wie er andere auf ihre Fehler hinweist. Der Widder verfolgt die Wahrheit nur bis zu dem Punkt, wo sie für ihn unangenehm werden könnte oder ihn zu sehr betrifft. Man kann nicht behaupten, daß Widder ihre Schwächen und Fehler leicht einsehen oder akzeptieren.

Die Verbindung zwischen den beiden ist von der 5:9-Sonnenzeichen-Kombination beeinflußt, und deshalb lassen sich die häufigen Reibereien zwischen ihnen sehr schnell beheben, wenn beide ihre Fehler aufrichtig bedauern und auch bereit sind, einander zu verzeihen. Beide Sonnenzeichen sind in der Lage, offen zu zeigen, daß sie sich rücksichtslos und unfreundlich behandelt fühlen. Weder der Schütze noch der Widder tragen Ärger lange Zeit mit sich herum, und keiner von beiden ist nachtragend, wenn die Wut erst einmal verraucht ist, es sei denn, einer von den beiden hat ein Skorpion-Mondzeichen. Das könnte bedeuten, daß die Stimmung zwischen ihnen tagelang getrübt ist. Die Sonne hat jedoch mehr Kraft und überwindet den schwächeren Einfluß des Mondes, und da beide, Widder und Schütze, ein sonniges Gemüt haben, ist die Harmonie zwischen den beiden bald wiederhergestellt.

Der ruhelose Schütze begeistert sich für viele Berufe und Unternehmungen – Hauptsache, er hat Bewegungs- und Redefreiheit, kann experimentieren und erlebt immer wieder etwas Interessantes. Auch der gesellige Widder fühlt sich zu vielen Berufen und Aktivitäten hingezogen. Man braucht ihm nur einen Job zu geben, er wird ihn voller Begeisterung erledigen. Widder sind nicht wählerisch, solange ihnen niemand hineinredet und sie die Bosse sein können. Der Widder ist ein Kardinalzeichen mit Führungsanspruch. Der Schütze ist ein veränderliches Zeichen und reißt sich nicht gerade darum, Autorität ausüben zu müssen. Er spürt instinktiv, daß ein Chef an seinen Schreibtisch gekettet ist und häufig weniger Urlaub hat als seine Angestellten. Urlaubmachen liebt der Schütze jedoch über alles! Auf beide trifft zu, daß sie lieber ihr eigener Herr sind und sich nach Berufen und Beschäftigungen umsehen, bei denen ihnen nicht vorgeschrieben wird, was sie zu tun und zu lassen haben, und bei denen sie sich ihre Zeit selber einteilen können.

Wenn man die grundlegenden Unterschiede zwischen Schütze und Widder erkannt hat, so heißt das nicht, daß man auch über die Unterschiede zwischen ihren Geburtsherrschern Jupiter und Mars Bescheid weiß. Diese beiden Menschen sind sich so ähnlich, oberflächlich betrachtet jedenfalls, daß es schwierig ist, überhaupt Unterschiede zu entdecken. Es sind auf jeden Fall welche vorhanden.

Der Jupiter-Einfluß bewirkt bei den Schützen, bei Frauen, Männern, Kindern, die unter diesem Zeichen geboren sind, daß sie sehr überschwenglich sind (bei Erlebnissen und Gefühlen, selten jedoch bei Tatsachen, neigen sie häufig zu Übertreibungen), außerdem sind sie von einer schonungslosen Ehrlichkeit und immer zum Experimentieren bereit, um welchen Bereich ihres Lebens es sich auch handeln mag. Zudem löst der Jupiter-Einfluß im Schützen eine große Wanderlust aus und verleiht dem Schützen die Gabe zu gelegentlichen prophetischen Visionen.

Der Mars-Einfluß führt bei Widder-Frau, -Mann und -Kind dazu, daß sie in jeder Hinsicht sehr durchsetzungsfähig und direkt sind, daß sie sich entschieden wehren, wenn sie angegriffen werden, und daß sie in einem Notfall oder einer Krise sehr belastungsfähig sind. Dieser Schutz, den der Mars dem Widder gewährt, ist für ihn lebensnotwendig, denn das Symbol für den Widder ist das Neugeborene, und ebenso wie ein neugeborener Mensch würde der Widder ohne Liebe und Zuwendung tatsächlich zugrunde gehen, *wenn* er sich *nicht* unter dem Schutz des Mars befände.

Der Schütze besitzt sehr viel Idealismus und Zielstrebigkeit, selten jedoch Unschuld. Der Schütze hat es gelernt zu denken, seinen Intellekt zu gebrauchen, Prophezeihungen zu machen und zu philosophieren. Der Widder kann sich nur einen Weg zum Glücklichsein vorstellen, nämlich die instinktive und emotionale Reaktion des Neugeborenen auf Liebe und Freundlichkeit. Nur durch den Schutz des Mars wird verhindert, daß der Widder völlig hilflos ist, wenn er es mit starken Menschen zu tun hat.

Durch die 5:9-Sonnenzeichen-Konstellation fällt es Widder und Schütze ziemlich leicht, zu einem Einklang zu gelangen. Sowohl die selteneren ruhigen Widder und Schützen wie auch die häufiger anzutreffenden typischen, überschwenglichen Naturen fühlen sich sehr viel wohler, wenn sie geistig und auch körperlich aktiv sein und lernen können. Wie den sprichwörtlichen Propheten geht es auch dem Schützen außerhalb des eigenen Landes meistens besser, und er reist gern umher (ohne dabei großes Heimweh nach den »Wurzeln« zu haben, die er hinter sich gelassen hat). Der Widder leidet an entsetzlichem Heimweh, wenn er an die »Sicherheit« denkt, die er aufgegeben hat. Trotzdem schließt er sich voll guten Mutes dem Schützen an und bemüht sich darum, sich dem schnelleren Tempo des Zentaurengalopps anzupassen. Wenn der Widder sich dem Schützen anschließt und sich die beiden gemeinsam auf den Weg machen, kann es auf der Reise schon etwas laut zugehen, doch langweilig wird es bestimmt nicht, und einer wird den anderen gegen alles Böse verteidigen, das ihnen auf ihrem Weg drohend entgegentritt. Trotz ihrer häufigen Streitereien löst der unverwüstliche Idealismus des Schützen beim Widder immer wieder eine spontane Zuneigung und eine nie gekannte Leidenschaft aus – ebenso ist der Schütze immer wieder von der Naivität und Aufrichtigkeit des Widders gerührt. Er weiß, daß jemand für ihn da ist, dem er vertrauen kann, der ihm niemals etwas vorheucheln oder ihn betrügen wird. Wenn der Zorn verraucht ist, stehen die beiden noch am selben Fleck und lächeln sich tief aus ihrem Herzen heraus gegenseitig an. Man kann sagen, daß der Widder und der Schütze zwei explosive Leute sind, aber sie passen zueinander.

Widder-Frau – Schütze-Mann

Wenn wir den Tatsachen ins Auge blicken wollen, und die Schützen sind immer sehr dafür, dann müssen wir uns damit abfinden, daß der Schütze stärker als jeder andere (ausgenommen der Zwilling) zur Untreue neigt. Das muß nicht unbedingt im körperlichen Bereich sein, sondern kann sich auch sehr platonisch, durch harmlose Flirts, äußern.

Natürlich ist das eine Verallgemeinerung, die nicht in jedem einzelnen Fall zutrifft. Wenn Sie eine vom Mars beeinflußte Frau treffen, die von sich behauptet, nicht eifersüchtig zu sein, wenn ihr Mann sich intensiv mit anderen Frauen beschäftigt und bei den Frauen viel Beachtung findet, dann lügt sie entweder oder sie ist adoptiert worden und ihre Eltern haben ihr nicht ihr wirkliches Geburtsdatum gesagt.

Natürlich besteht auch noch die Möglichkeit, daß sie in den Mann, der keinerlei Eifersuchtsgefühle in ihr auslöst, gar nicht verliebt ist. Das ist übrigens ein ausgezeichnetes Barometer für die Gefühle der Widder-Frau. Wenn die Flirts ihres Partners oder Ehemannes sie kalt lassen, dann liebt sie ihn nicht mehr, und das wird er auch sehr bald von ihr erfahren. Das ist eines der frühen Warnsignale dafür, daß sie in der Liebe unzufrieden ist, und zwischen einem solchen Signal und dem letzten Abschiedsgruß vergeht meistens bei dieser Frau nicht sehr viel Zeit.

Widder und Schütze sind beides Feuerzeichen, und ein Feuer zieht das andere an, indem ganz einfach Funken von einer Flamme zu anderen überspringen, manchmal über eine große Entfernung. Der Schütze-Mann fühlt sich vom ersten Moment an zur Widder-Frau hingezogen, entweder es entsteht Liebe oder Freundschaft aus dieser Begegnung. Sie sind von der 5:9-Sonnenzeichen-Konstellation beeinflußt, ihre Geburtssonnen stehen im Trigon, mit einem Wort, sie sind sich überaus sympathisch. Vielleicht wäre es besser, er würde sich um eine freundschaftliche Beziehung bemühen, anstatt Liebe zwischen ihnen aufflammen zu lassen, wenn er noch nicht bereit ist, nur für eine einzige Frau da zu sein.

Zur Verteidigung des typischen Schützen muß jedoch auch gesagt werden, daß er ebenso wie die Widder-Frau sofort zu einem Geständnis bereit ist, wenn er sich der Versuchung einer neuen Liebe ausgesetzt fühlt.

Bei einer Frau, die so viel Selbstvertrauen besitzt und so unabhängig ist, jedenfalls nach außen, kommt einem diese emotionale Verletzlichkeit merkwürdig vor. Doch so ist sie, und sie leidet sehr unter ihrer innerlichen Angst, in der Liebe verletzt und betrogen zu werden. Der Widder ist ein männliches Zeichen, und deshalb ist sich die Widder-Frau ihrer Weiblichkeit niemals hundertprozentig sicher. Deshalb ist sie insgeheim der Meinung, daß sogar Frauen, die sehr viel weniger intelligent und attraktiv sind, dennoch dem Mann, den sie liebt, begehrenswerter erscheinen, einfach, weil sie sehr viel weiblicher als sie selbst wirken. Und wenn sie sich solche Gedanken macht, so kann sie dabei unbeschreibliche innere Qualen erleiden. Unglücklicherweise stoßen ihre Eifersuchtsszenen bei dem Schützen selten auf Sympathie oder Mitgefühl, denn er legt sehr viel Wert auf persönliche Freiheit und gegenseitiges Vertrauen zwischen zwei Menschen, die sich lieben.

Wenn das, was sie für Liebe gehalten hatten, freundschaftliche Gefühle waren, dann tut die Trennung weniger weh – und vielleicht werden sie später sogar Freunde, nicht jedoch, wenn sie sich sehr geliebt haben. Dann ist der Schmerz viel zu groß, als daß sie eine frühere Zuneigung zu einer unverbindlichen Freundschaft werden lassen könnten.

Wenn es ihnen gelingt, von Anfang an gegenseitiges Vertrauen herzustellen, dann bestehen für die Widder-Frau gute Aussichten, beim Schützen emotionale Harmonie zu finden, und das gleiche gilt auch für ihn. Viele Schützen sind in ihrer Einstellung zur Sexualität stabil und zuverlässig, und wenn das der Fall ist, dann kann eine Liebe zwischen den beiden immer wieder sehr anregend sein und sie unablässig in Hochgefühle versetzen – und diese Emotionen bringen merkwürdigerweise Ruhe und Zufriedenheit in die Herzen der Menschen, die unter einem Feuerzeichen geboren sind. Sie sehen, daß nicht alle auf dieselbe Art innere Ruhe und Zufriedenheit finden.

Diese beiden sind sehr optimistisch in der Liebe, sie sind offen, warmherzig und freundlich. Sie sind zwar beide Experten im Luftschlösserbauen, doch seine Luftschlösser haben meistens ein Fundament.

Wenn sich diese beiden ineinander verlieben, dann sind ihr Mars-Enthusiasmus und sein Jupiter-Wagemut zusammen eine Garantie dafür, daß es zwischen den beiden nie zu Langeweile kommt. Zwischen zwei Leuten, die sich beide für neue Ideen immer wieder begeistern können und gesitig ewig jung bleiben, kühlt die Liebe selten ab. Da sich beide brennend für die täglichen Ereignisse interessieren, ist ihre politische Einstellung ein sehr wichtiger Faktor bei ihrem gegenseitigen Einverständnis.

Einer Widder-Frau sollte klar sein, daß ein Schütze wahrscheinlich ein Junggeselle bleibt, diese Wahrscheinlichkeit ist bei ihm von allen Sonnenzeichen außer Jungfrau und Wassermann am größten. Durch seine liebevolle, impulsive Art (die der ihren sehr ähnlich ist) fällt es ihm leicht, sich zu verlieben, und durch ihre Mars-Kraft kann er in Verpflichtungen hineingezogen werden, denen er sich dann nicht gewachsen fühlt. Die meisten Schützen weigern sich, vor dem Altar zu lügen, und deshalb sind gelöste Verlobungen und plötzlich verschwundene Bräutigame unter diesem Sonnenzeichen keine Seltenheit.

Im allgemeinen ist dieser Mann nicht besonders häuslich. Schauen Sie sich nur einmal an, wie er seine eigene Familie behandelt – ziemlich gleichgültig. Und was für eine Beziehung er zu seinen Verwandten hat – er verhält sich ziemlich distanziert.

Doch die Widder-Frau ist auch nicht gerade ein Heimchen am Herd und hat deswegen gegen seine Reiselust nichts einzuwenden, wenn er sie mitnimmt. Wenn sie ihn nicht an sich zu ketten versucht, sondern ihm klarmacht, daß auch sie ihre persönliche Freiheit braucht, dann kann der Schütze ein großzügiger und anregender Partner sein, sowohl in der Ehe als auch in einer Liebesbeziehung.

Ein eher intellektuell veranlagter Schütze hat seine Bücher und seine Philosophie an Stelle der Natur, des Sports oder der Bühne, auf jeden Fall bringen seine Interessen es mit sich, daß er häufig außer Haus ist. Das heißt aber nicht, daß er sie nicht liebt, das sollte sich die Widder-Frau immer wieder vor Augen führen, wenn sie ihn halten will.

Sexuell können sie sich fast automatisch aufeinander einstellen. Beide sind sehr zärtlich, und an leidenschaftlichen Gefühlen mangelt es ihnen nie, denn beide sind sie Feuerzeichen. Er ist der körperlichen Liebe gegenüber vielleicht etwas gleichgültiger und distanzierter eingestellt als sie, und seine Gefühle mögen weniger intensiv sein, doch sind sie genauso aufrichtig wie ihre und nicht weniger idealistisch. Beide sind dazu fähig, liebevoll auf den anderen einzugehen, und das bringt ihnen eine große Erfüllung in ihrer Liebe. Manchmal spielt jedoch auch Egoismus mit hinein (einer der häufigsten Gründe für sexuelle Disharmonie). Vielleicht müssen beide erst lernen, daß nur das innere Bedürfnis zu *lieben* wirklich glücklich macht – nicht das Bedürfnis geliebt zu werden. Das wird ihnen nicht allzu schwerfallen, denn beide geben von Natur aus sehr gern. Da sie auch auf geistigem Gebiet und in ihrer Emotionalität gut zueinander passen, bestehen für eine körperliche Beziehung zwischen den beiden (wenn sie Eifersucht und Untreue unter Kontrolle halten) ideale Voraussetzungen.

Er wirft ihr vielleicht manchmal vor, daß sie seine Freiheit beschneidet und seine Zeit über die Maßen beansprucht, doch er bewundert ihren wachen Verstand und respektiert ihre Selbständigkeit.

Widder-Mann – Schütze-Frau

Eine Schütze-Frau, die sich zu einem Widder-Mann hingezogen fühlt, folgt ihren natürlichen Impulsen. Mut löst Bewunderung in ihr aus, sie sucht die Aufregung und ist kein Kind von Traurigkeit – und der Widder ist ganz sicher kein Miesepeter. Es stimmt, daß er gern herumkommandiert und häufig darauf besteht, daß sich alles nach ihm richtet. Er ist jedoch durch und durch ein sentimentaler Romantiker, und das ist genau das, wonach sie sucht, selbst wenn sie ihre eigene Absicht gar nicht erkennt, solange sie niemand darauf aufmerksam macht. Ist ihr das jedoch erst einmal klargeworden, dann zieht sie sich eine ganze Menge Wunden zu, da sie immer an der falschen Stelle danach sucht und es immer ganz falsch anstellt. Doch sie verdeckt diese Wunden, manchmal unter der Maske eines Clowns. Schützen erzählen immer einen Witz, wenn ihr Jupiter-Idealismus einen Schlag versetzt bekommen hat. Das ist ein Abwehrmechanismus. Diese Frau braucht ganz dringend Liebe, denn das ist das einzige, was sie von ihrem instinktiven Zynismus heilen kann. Sie ist mit einer gewissen Skepsis auf die Welt gekommen, und ihre Liebeserlebnisse sind selten dazu angetan, sie zu mildern, sondern sie verstärken sie noch – ebenso ihren Witz.

Tief in ihrem Herzen sehnt sich die Schütze-Frau nach einem intelligenten, aufrichtigen Mann, der sie in seine Arme nimmt und für alle Zeiten beschützt – vor sich selber.

Früher oder später stolpert sie in einen Gefühlswirrwarr hinein. Und dann kann er sie verständnisvoll in seine Arme nehmen und sie über die Lebenswirklichkeit aufklären – und die Lebenswirklichkeit besteht darin, daß er ein Mann ist und sie eine Frau. (Der Schütze ist ein männliches Zeichen, und deshalb ist sie sich ihrer Weiblichkeit nie ganz sicher.) Wenn er sie davon überzeugen kann, daß sie sich auf seine Liebe völlig verlassen kann, dann belohnt sie ihn mit sehr viel Freiheit, einer anregenden Unterhaltung, ergebener Freundschaft, Zuneigung, Warmherzigkeit und Großzügigkeit. Dafür lohnt sich ein bißchen Ärger zu Anfang allemal.

Am Anfang ist der Widder über ihre schonungslose Offenheit und ihre mangelnde Rücksichtnahme auf sein empfindliches männliches Ego empört. Auch stellt sie ihn vor seinen Freunden mit ihrer Offenheit manchmal bloß. Widder-Männer sind entschlossen, sich ihre männliche Überlegenheit, ihre Unabhängigkeit und ihre persönliche Freiheit um jeden Preis zu erhalten.

Was den Bereich der eigenen Persönlichkeit anbetrifft, wird es zwischen dem Widder-Mann und der Schütze-Frau wenig Reibungen geben. Wenn sie gehindert werden sollte, ihrer Phantasie freien Lauf zu lassen und in Gedanken oder auch in Wirklichkeit in der ganzen Welt herumzureisen, hält sie damit lieber hinter dem Busch. Veränderliche Zeichen legen keinen übermäßigen Wert auf die Darstellung ihres Selbst. (Die anderen beiden veränderlichen Zeichen sind die Fische und die Jungfrau, und man kann sie schwerlich als rücksichtslose Egoisten bezeichnen.) Von allen drei veränderlichen Zeichen ist der Schütze wahrscheinlich derjenige, der sich seines *Selbst* am meisten bewußt ist, er besitzt Selbstbewußtsein im richtigen Maß.

Die Mehrzahl der Schütze-Frauen bevorzugt männliche Freunde gegenüber Freundinnen; der eifersüchtige Widder hat also sehr viel Gelegenheit, sich immer wieder vor Augen zu führen, daß das einfach ihre Art ist, daß sie lediglich freundlich, lustig und gesellig ist, jedoch keineswegs untreu. Auch sie kann sehr eifersüchtig werden, wenn sie einen Anlaß dazu wittert, doch so eifersüchtig wie er wird sie nicht.

Irgendwie wendet sich für sie immer alles zum Guten, egal, was für Dummheiten sie auch angestellt hat. Und das hat sie dem Einfluß ihres Geburtsherrschers Jupiter zu verdanken, der sie bei ihrer Geburt wie eine gute Patenfee mit den Gaben des Vertrauens und des Optimismus gesegnet hat. In Verbindung miteinander stellen sie ein sehr wirkungsvolles Mittel dar, um einfach »Glück« zu haben, und das hat mit Glück im eigentlichen Sinn gar nichts zu tun, sondern ist auf die Gesetze des Magnetismus zurückzuführen. Jeder zieht das auf sich, was er sich vorstellt und ausmalt – und sie malt sich meistens das große Glück aus.

Wenn der Widder vermeiden will, daß sie ihn jemals betrügt, dann muß er Vertrauen zu ihr haben. Es stimmt, daß Schütze-Frauen ebenso wie Zwillings- und Fische-Frauen im Durchschnitt eher zu sexuellen Experimenten oder mehreren Affären nebeneinander neigen als ihre anderen Sonnenzeichen-Schwestern, denn sie sind veränderlich und haben ein duales Wesen – aber eine Schütze-Frau ist nicht heimtückisch. Alles kann der Widder-Mann ihr vorwerfen, nur nicht Betrug. Diese Frau bleibt sich selbst treu und ebenso auch dem Mann, den sie liebt, so lange, bis die Liebe zu ihm erkaltet ist – oder bis er ungerechtfertigte Zweifel an ihr hegt. Aber auch dann wird sie wahrscheinlich die Beziehung zu ihm voller Zorn und unter Gefühlsausbrüchen beenden und ihm nicht etwa untreu werden, nur um ihn zu bestrafen. (Es sei denn, sie hat den Skorpion als Mondzeichen oder als Aszendenten.) Auch die Schütze-Frauen, die häufig ihre Partner wechseln, haben normalerweise nicht mehrere Beziehungen gleichzeitig, und ihre Verhaltensweise ist gewöhnlich auf eine Menge großer Enttäuschungen in der Liebe zurückzuführen.

Sowohl der Schütze wie auch der Widder können zeitweise sehr eingebildet, herrschsüchtig und rücksichtslos sein, Eigenschaften, die sie beide für Tugenden halten. Als großer Nachteil stellt sich manchmal ihre Abneigung gegenüber Vorsicht, Vernunft und Geduld heraus, Eigenschaften, die in ihren Augen Untugenden sind.

Wenn sie erst einmal erkannt haben, daß Kompromisse die beste Lösung für die Auseinandersetzungen darstellen und am schnellsten ein Ende ihrer Streitigkeiten herbeiführen, dann herrscht zwischen ihnen eine derartige geistige und emotionale Harmonie, von der körperlichen Harmonie ganz zu schweigen, wie sie andere Paare, die kein so hohes Ziel anstreben (und die nicht von einer mit gegenseitiger Sympathie versehenen 5:9-Kombination gesegnet sind) kaum zu erhoffen wagen können. Ihre sexuelle Beziehung ist gleichzeitig anregend und beruhigend . . . warmherzig, phantasievoll . . . und voller blinkender Sterne. Sie sollte jedoch immer wieder daran denken, daß »Schweigen Gold ist« und sich beim Liebesspiel davor in acht nehmen, seiner Leidenschaft im entscheidenden Moment mit einem ihrer Schütze-Wortpfeile den Wind aus den Segeln zu nehmen. Intime Momente sind einfach nicht der richtige Zeitpunkt für lebhafte Unterhaltung oder ehrliche Beobachtungen. Ansonsten ist die Art, wie diese beiden ihre sexuelle Zuneigung einander mitteilen, für beide äußerst befriedigend.

Keines dieser beiden Sonnenzeichen ist von Natur aus geizig. Geldangelegenheiten stellen deshalb wahrscheinlich zwischen den beiden kein großes Problem dar, außer wenn es darum geht, wo und wie sie neues Geld heranschaffen, wenn alles restlos ausgegeben ist. Wenn es darum geht, wer großzügiger und verschwendungssüchtiger ist, schneidet der Schütze besser ab.

Für den Widder ist die Erkenntnis äußerst wichtig, daß diese Frau der Liebe und dem Leben gegenüber ebenso idealistisch eingestellt ist wie er auch – vielleicht sogar noch idealistischer. Ihre Beliebtheit und ihre freundliche, offene Art Männern gegenüber ändert nichts an ihrer grundlegenden moralischen Integrität. Bedeutet denn seine Vorliebe für unschuldige und harmlose weibliche Bewunderung, daß er ihr untreu ist? Nein, durchaus nicht. Jedenfalls höchst selten. So wie sie hält auch er ihr so lange die Treue, bis die Liebe erkaltet ist, und auch dann gesteht er ihr das lieber ein, als Heimlichkeiten vor ihr zu haben. Er sollte aber nicht vergessen, daß auch sie ihre Ängste hat, und die sind den seinen sehr ähnlich. Solange er dieser Frau gegenüber ehrlich ist, wird sie ihn von ganzem Herzen lieben und ihn überallhin begleiten, wo sein Weg ihn auch hinführen mag.

Die Widder-Steinbock Beziehung

Der Steinbock beneidet den Widder um seine Fähigkeit, frei, sorglos und glücklich durchs Leben zu gehen. Der Steinbock braucht den Widder jedoch nicht um seine bisweilen zum Durchbruch kommende Herzlosigkeit zu beneiden, da sie synonym mit Selbstsucht ist, die wiederum nicht nur eine Eigenschaft des Widders ist. Auch der Steinbock besitzt einen gehörigen Anteil davon.

Die Selbstsucht des Widders entspringt seiner Gedankenlosigkeit und seinen oft kindlichen Wünschen. Was der Widder will, das bekommt er, irgendwie, wenn er gelernt hat, den Mars-Enthusiasmus zu zügeln und nicht zu schnell vorwärts zu stürmen. Die Selbstsucht des Steinbocks resultiert aus seiner Überzeugung, sich nicht nach den Gescheiterten umdrehen zu dürfen, aus Furcht, sein eigenes Treffen mit dem Schicksal dadurch zu versäumen. Doch selbstsüchtig bleibt selbstsüchtig, was auch immer der Grund oder die Ursache sein mag, und beide Sonnenzeichen sind ziemlich häufig davon befallen.

Was zwei andere Eigenschaften angeht – Fröhlichkeit und Unschuld –, so hat der Steinbock allen Grund, den Widder zu beneiden. Fröhlichkeit ist nicht das Wort, das gewöhnlich mit Saturn-beherrschten Menschen assoziiert wird.

So besteht also nur eine geringe Chance, daß der Steinbock mit der naiven Fröhlichkeit und unschuldigen Arglosigkeit des Widders durch das Leben geht. Das ändert sich erst, wenn der Steinbock ins »mittlere Alter« kommt. Dann beginnt der »umgekehrte Alterungs«-Prozeß des Steinbocks, der Anfälle totaler

Ausgelassenheit mit sich bringt und dazu führen kann, daß der Steinbock das Leben sogar leichter als der Widder nimmt. Dies ist der Grund dafür, daß sich der Widder gewöhnlich in der Umgebung älterer Steinbock-Menschen wohler fühlt. Die Jüngeren machen ihn nur nervös.

Die Gründe des Widders, irgendeine Art menschlicher Beziehung oder Verbindung zu schaffen, sind immer impulsiv und idealistisch und werden von Emotionen beherrscht. Der Steinbock ist immer praktischer motiviert. Obwohl Steinböcke verständlicherweise die astrologisch fundierte Behauptung zurückweisen, daß sie oft heiraten, um finanziell und gesellschaftlich bessergestellt zu sein, trifft dies trotzdem mehr auf den Steinbock als auf den Widder zu. Das heißt nicht, daß der Steinbock kalt und berechnend ist; er wägt nur alle Möglichkeiten ab.

An der heutzutage so aktuellen Frage der »Ehe auf Probe« ohne Trauschein läßt sich zeigen, welche Gemeinsamkeiten und Unterschiede es im Denken von Widder und Steinbock gibt. Wenn die beiden sich wirklich lieben, denkt der Widder, so sollten sie *wissen*, daß es für ewig ist, warum also nicht sofort heiraten?

Die typische Reaktion des Steinbocks auf die gleiche Situation ist ebenso rührend sentimental und romantisch hoffnungsvoll. Der Steinbock wiederholt die Frage des Widders: Wenn die beiden sich wirklich lieben, so sollten sie *wissen*, daß es für ewig ist, warum also nicht sofort heiraten? Bis zu diesem Punkt gehen Steinbock und Widder den gleichen Weg. Doch dann trennen sich Mars und Saturn. Abrupt.

Nach angemessener Überlegung und sorgfältiger Erwägung – und nachdem seine anfängliche moralische Entrüstung gewichen ist – wird der Steinbock die Frage mit nachdenklicher Saturn-Überlegung abwägen und schließlich zu dem Schluß kommen, daß dieses Arrangement doch vernünftig ist. (Da der Steinbock ein unverbesserlicher Realist ist, ist die Moral des Steinbocks sehr eng mit seinem praktischen Sinn verknüpft.

Der Steinbock reagiert stets gekränkt, wenn er vom Widder beschuldigt wird, er sei ehrgeizig. Er glaubt, daß niemand es merkt. Wer, *er?* Ehrgeizig? Ja, *er* – ehrgeizig. Es gibt noch andere Saturn-Eigenschaften, die der Steinbock nur langsam in sich selbst erkennt, so die periodisch auftretenden Momente von schwermütigem Pessimismus, das unbedingte Verlangen, die höchste Stufe gesellschaftlichen Ansehens zu erklimmen, die Abneigung, der etablierten Gesellschaft zu trotzen – und die oft blinde Ehrerbietung vor Tradition, Familie, Recht und Ordnung und jeder Form von Autorität.

Widder sind auch ehrgeizig, jedoch geben sie es offen zu.

Steinböcke haben die wahrhaft wunderbaren Fähigkeiten, den Tatsachen leidenschaftslos ins Auge sehen, die Zahl ihrer Fehler verringern und das Beste aus ihren Tugenden machen zu können. Es würde den meisten Widdern nicht schaden, sie nachzuahmen.

Sicherlich ist es ein Fehler, alle Steinbock-Frauen als gesetzt anzusehen. Auch Steinbock-Männer sind nicht immer so steif und formell, wie man vielleicht glaubt. Sie sind zwar nicht mit übergroßem Idealismus wie der Widder ausgestattet, jedoch können sie den Widder mit allen Arten unerwarteter Vorschläge und Verhaltensweisen schockieren – im privaten Rahmen.

Wie dem auch sei, in der endgültigen Analyse arbeitet der Verstand des Steinbocks in eher konservativen Schablonen, wenigstens in der Öffentlichkeit. Der Widder beschuldigt den Steinbock oft eines Mangels an Mitgefühl; doch der Steinbock ist nicht ohne Sorge und Mitleid für jene, die er dessen wirklich für wert hält. Zusammenarbeit kann ungeheueren Erfolg für Steinbock und Widder bedeuten, wenn sie gemeinsam ihre Hörner gegen Vorurteil und Falschheit richten, anstatt gegen einander.

Beide Sonnenzeichen sind zähe Kletterer. Doch das Endziel des Steinbocks ist der höchste Gipfel des Berges, der einzige Ort, an dem er sich wirklich sicher fühlt. Für den geselligeren Widder – selten schafft er es bis zum Gipfel des Berges – ist das ein einsamer Platz ohne Herausforderungen – und was ist das Leben ohne die Aufregung der Gefahr? Für den Steinbock – *friedfertig*. Für den Widder – *langweilig*.

Widder-Frau – Steinbock-Mann

Der Hauch von Einsamkeit, der den Steinbock-Mann umgibt, sorgt in einem Raum voller Leute, zieht die Widder-Frau sofort an seine Seite. Für die sentimentale, egozentrische Widder-Frau ist der Grund für seine Einsamkeit offensichtlich. Er hat auf sie gewartet – damit sie ihm zeigen kann, wie wunderbar das Leben sein kann. Also beginnt sie sofort damit, es ihm zu zeigen.

Der erste Enthusiasmus kann jedoch schon bald durch die langsamen Reaktionen des Steinbocks erstickt werden – seine erdhafte Immunität gegenüber ihrem feurigen Mars-Charisma und ihre impulsiven Emotionen können sie schließlich dazu bringen, zu glauben, er sei zu langweilig, verschlossen und zurückhaltend. Wie kann sie ihm helfen, das Sonnenlicht zu finden, wenn er nur an seine Karriere denkt, ganz abgesehen von seiner Familie. Es besteht wenig Hoffnung, daß er sie heiratet, da er eigentlich schon mit seiner Arbeit, seinen Ambitionen und/oder seinen Verwandten verheiratet ist.

Es könnte das Ende einer vielversprechenden Beziehung sein, die vielleicht tief befriedigend, wie auch finanziell erfolgreich hätte werden können.

Es kann sehr weh tun, jemanden zu verlieren, nur weil man unfähig ist, seine Gefühle deutlich auszudrücken, und dies ist sehr oft der Fall zwischen einem verschlossenen Steinbock-Mann und einem aggressiven Widder-Mädchen. Wie kann er ihr all seine geheimen Träume zu verstehen geben – wie kann er ihr das lebenslang Romantische zeigen, das tief in seinem Steinbock-Herzen verborgen ist?

Der von Mars dirigierte Instinkt der Widder-Frau war also vielleicht doch richtig. Er *hat* wirklich auf sie gewartet, damit sie ihm zeigt, wie man fröhlicher durchs Leben geht. Vielleicht lag es nur daran, daß ihre erste Annäherung für den introvertierten Steinbock zu überwältigend war. Steinböcke können impulsive, unbedachte Handlungen, auch wenn sie aus Liebe geschehen, nur schwer »verdauen«. Dieser Mann braucht eine gewisse Zeit, bis er sicher ist, daß er die Realität einer Romanze fest im Griff hat, und selbst dann geht er mit größter Vorsicht vor.

Auf der körperlichen Seite ihrer Liebe müssen die gleichen Hürden genommen werden, bevor die beiden sexuelle Erfüllung finden können. Wenn der Widder sich mit dem Steinbock vereint, ist das eine Verbindung von Feuer und Erde, und dies sind nicht die verträglichsten der Elemente. Seine sexuellen Impulse werden von Saturn beherrscht, dem Planeten des festen Widerstands, der Selbstdisziplin und Beständigkeit. Ihre sind vom Mars geleitet, dem Planeten, der das männliche Prinzip flammenden Eindringens symbolisiert. Der Steinbock würde lieber einsam bleiben und nach Liebe dürsten, als zu riskieren, sich an einer vorübergehenden Leidenschaft zu verbrennen. Der Widder würde es lieber riskieren, sich zu versengen, als es nicht zu versuchen. Also ist es gewöhnlich sie, die mit der ersten sexuellen Annäherung beginnt. Angenommen, die Sterne stehen günstig und sie erwischt ihn in einem Moment, in dem er zu schwach ist, um zu widerstehen, so wird der Steinbock-Mann auf ihren frischen, überschwenglichen Ausdruck der Liebe mit einer tiefen Intensität eingehen, die nur der von Saturn Beherrschte verstehen kann – und die Tiefe der Zuneigung wird sie genauso überraschen, wie sie sie erfreut.

Wenn diese beiden es auf wunderliche Art fertigbringen, zusammenzufinden, so steht sein Mond wahrscheinlich in Widder, Schütze, Löwe, Zwillinge oder Wassermann – oder ihr Mond steht in Steinbock, Stier, Jungfrau, Fische oder Skorpion. Dann werden die Unterschiede zwischen ihnen sich eher anziehen als abstoßen.

Stehen jedoch ihre Geburts-Sonnen oder -Monde in Quadratur oder in Opposition zueinander, so werden Steinbock und Widder in ständigem Kampf ihre Hörner verkeilen, oder sie langweilen sich so sehr mit dem anderen, daß einer von ihnen eines Tages weggeht und vergißt zurückzukommen. Ganz gleich, unter welchem Aspekt die Planeten der beiden stehen, es besteht immer die Möglichkeit, daß seine mißtrauische Reserve zu Beginn ihren natürlichen Elan in der Liebe erstarren läßt.

Steinbock und Widder sind nicht immun gegen den häufigen Fehler aller 4:10-Sonnenzeichen-Liebenden, die Welt anders zu sehen, als sie in Wirklichkeit ist. Sie verlieben sich und versuchen dann die Eigenschaften zu ändern, die sie zuerst am anderen bewunderten. Wenn er erkennt, daß er sie liebt, ist er beeindruckt von ihrer optimistischen, überschäumenden Einstellung zum Leben, sieht er über ihre Fehler großzügig hinweg. Später versucht er dann, ihren Charakter nach seinen Vorstellungen zu formen. Aber sie wehrt sich dagegen.

Wenn sie zum ersten Mal erkennt, daß sie ihn liebt, ist sie von seiner starken, stillen Aura der Kraft beeindruckt. Es verblüfft und erregt sie. Seine Geduld und Sanftheit schmeicheln ihren verworrenen Emotionen, und ihr Herz schlägt schneller, wenn sie sich nur vorstellt, wie es sein würde, eine intime, dauerhafte Beziehung mit diesem zärtlichen, ruhig humorvollen, weisen und standhaften Mann einzugehen. Nach einiger Zeit mißfallen ihr dann diese Eigenschaften.

Wenn dieser Mann und diese Frau auseinandergehen, so werden die Erinnerungen an gemeinsam Erlebtes sie verfolgen und sie auf die Frage bringen, ob sie es vielleicht nicht ernsthaft genug miteinander versucht haben. Er wird sich nach außen hin den Schmerz darüber, daß sie nicht mehr bei ihm ist, nicht anmerken lassen, doch in seinem Innersten quälen ihn bittere Selbstvorwürfe. Sie wird vielleicht einige Nächte lang weinen, so wie es ihrem emotionalen Wesen entspricht, aber nach und nach wird sie vergessen. Sie würde ihm nie eingestehen, wie schwer sie diese Trennung getroffen hat – Widder sind stolz. Was sie aber nicht weiß: Tief in der Einsamkeit seines Herzens bewegen ihn Gedanken, die sie hoffnungsvoll stimmen würden, könnte sie sie erraten . . .

Vergessen wir nicht die Botschaft der Sterne. Die Liebenden, die den schweren Seelentest einer 4:10-Kombination bestehen, werden von Venus belohnt. Und vielleicht wird der liebevolle Planet Venus gebraucht, um die Herzen zu erweichen, die von den männlichen Planeten Mars und Saturn beherrscht werden. Venus . . . und Musik . . . Poesie . . . und Erinnerungen.

Die Spannungen und Schwierigkeiten, die Mißverständnisse und die mangelnde Kommunikation untereinander, denen diese beiden gegenüberstehen – sind schrecklich. Die Belohnung für die Geduld, die sie füreinander zeigen, für das Warten auf die Weisheit des Herzens, um sie zu führen – ist riesengroß.

Widder-Mann – Steinbock-Frau

Die Wirkung, die der Widder-Mann und die Steinbock-Frau aufeinander ausüben, hängt zum größten Teil davon ab, wie alt die Steinbock-Frau zu dem Zeitpunkt ist, an dem sie einander zum ersten Mal begegnen. Sollte sie noch ein Teenager oder unter dreißig sein, so sieht sie ihn als einen eher unreifen, aufdringlichen, stürmischen Liebhaber-Typ ohne Zukunft. Er sieht sie vielleicht als sauertöpfisches Mauerblümchen oder, weniger schmeichelhaft, als verdrießliche, großmütterliche Einsiedlerin.

Sollten sie sich treffen, wenn sie über dreißig ist, so kann sie ein lebhaftes, lebenslustiges Frauenzimmer sein, voll junger Ideen über alles, von Psychologie bis zur Ökologie, und dann werden die beiden viel mehr gemeinsam haben. Dies kann dazu führen, daß der Widder glaubt, sie sei genauso impulsiv und sorglos wie er selbst, doch unterliegt er hier wieder einmal einem seiner übereilten Vorurteile. Sie ist immer noch ein Steinbock unter dem eisernen Einfluß des Saturn.

Nichts kann jemals die Ehrfurcht des Steinbocks vor Erfolg und einem soliden Bankkonto ändern. Nun strotzen Widder-Männer geradezu von Erfolgspotential. Jedoch stellt der Widder sein natürliches Geschick, ein solides Bankkonto aufzubauen, nicht gern zur Schau. Bis *er* über dreißig *ist.*

Steinbock-Frauen fühlen sich von Menschen, die es zu etwas gebracht haben, instinktiv angezogen. Ist denn Verantwortungsgefühl so schlecht? Nein, aber es nervt den Widder, weil es nach Vorsicht und reiflicher Überlegung reicht – beides Worte, die der Widder nicht kennen will, weil sie das symbolisieren, was er am meisten fürchtet – die Unterdrückung seines Mars-Enthusiasmus.

Dies ist auch der Grund, warum sich selten eine Liebesbeziehung entwickelt, wenn diese im Arbeitsleben zusammentreffen, wenn z.B. der Widder der Chef und das Steinbock-Mädchen die Sekretärin ist. Er wird im ersten Moment sehen, daß sie als Angestellte ein wahres Juwel ist, mit einem unwiderstehlichen, wenn auch leicht unterkühlten Sex-Appeal. Sie ist geschickt und tüchtig, lacht gern (obwohl sie ihren Humor während der Arbeitszeit sehr gut zu verbergen weiß). Es schmeichelt seinem Mars-Ego, daß sie erkennt, sie ist untergeordnet, und Untergeordnete müssen von den über ihnen Stehenden lernen. Wenn sie nicht miteinander wetteifern, so geben der Steinbock und der Widder ein interessantes Paar ab.

Dieses Mädchen ist oft sehr viel warmherziger und liebenswerter, als sie selbst zu erkennen bereit ist, und sie ist immer viel attraktiver, als sie selbst glaubt. Dazu kommt noch ihre Charakterfestigkeit (vorausgesetzt, Sonne und Merkur werden nicht ungünstig beeinflußt) und die Tatsache, daß sie nie leichtsinnig handelt.

Es liegt am Widder, sie davon zu überzeugen, daß sie eine sehr begehrenswerte Frau ist. Mit seiner Begabung für überschwengliche Wertschätzung und seiner Neigung, die Frau, die er liebt, auf ein Elfenbeinpodest zu stellen, könnte er es fertigbringen, die schüchterne oder unsichere Steinbock-Frau aus ihrer Reserve zu locken. Der Widder hat bessere Chancen als die meisten anderen Sonnezeichen, das Steinbock-Mädchen aus ihrem Minderwertigkeitsgefühl heraus und zu einem gerechtfertigten Stolz auf ihre weibliche Sexualität zu führen. Aber selbst, wenn ihm dieses kleine Wunder gelingt, kann er sie vielleicht noch nicht für immer in seinen Armen halten. Es gibt da noch ihre Familie.

Wenn ihre Eltern den Saturn-Sinn für Anstand nicht irgendwie verletzt haben, verehrt die durchschnittliche Steinbock-Frau sie fanatisch. Sollten sie den Widder-Mann nicht akzeptieren, wird sie es vielleicht auch nicht tun. Sollten sie ihn akzeptieren, sind aber krank oder stecken in finanziellen Schwierigkeiten, und sie sieht es als ihre Pflicht an, bei ihnen zu bleiben, so wird sie dafür ihre Liebe opfern. Es gibt nur einen einzigen Weg, der aus dieser Familien-Anhänglichkeit herausführen kann. Bieten Sie ihr an, ihre Eltern an Ihrem Eheleben teilnehmen zu lassen – und machen Sie das Beste daraus.

Die beiden können ihr Sexualleben erheblich verfeinern, wenn der Widder die astrologischen Ursachen der emotionellen Natur des Saturn besser kennenlernt. Wenn sie den physischen Ausdruck der Zuneigung unterdrückt, so liegt der Grund dafür nur darin, daß Saturn sie immer wieder warnt: »Laß Dich von Deinen Sinnen nicht täuschen. Sie sind unverläßlich und betrügen Dich.«

Der mutige Widder würde sich nicht fürchten, dem Steinbock die eisige Maske der Gleichgültigkeit vom Gesicht zu reißen, um die verborgene Leidenschaft bloßzustellen. Die Schwierigkeit ist nur, daß der Widder möglicherweise nicht *erkennt*, daß es nur eine Maske ist, und daß er daher nie die Tiefe der Leidenschaft ahnen kann und aufgibt, bevor er zu kämpfen angefangen hat.

Auch können die Flammen der Leidenschaft erlöschen, wenn die Steinbock-Frau durch ihre selbstauferlegte Zurückhaltung das Vertrauen des Widders in seine Fähigkeit als Liebhaber zerstört. Wenn er einmal spürt, daß sein Liebesspiel nicht die gleiche, intensive Hingabe bei ihr hervorruft, so leidet er unter Mindertwertigkeitsgefühlen.

Bei diesen beiden Menschen spielt das Mondzeichen eine überaus wichtige Rolle. Wenn Sonne und Mond in den jeweiligen Horoskopen unter einem harmonischen Aspekt stehen, kann der Widder wie durch Zauber das kalte und graue Blei des Saturns in funkelnde Diamanten des Mars verwandeln, nur durch die Wirkung der Liebe. Negative Aspekte in den Geburtshoroskopen sind relativ selten, und die meisten Widder und Steinböcke können schließlich Harmonie erreichen, wenn sie es versuchen – wie steinig der Pfad zu Beginn auch sein mag.

Der ungeduldige Widder kann sich ihrer Selbstkontrolle irgendwie unterlegen fühlen. Er sollte es nicht. Ihre Selbstkontrolle ist nur die Kette, die sie benützt, um ihren Geist davon abzuhalten, zu weit auszufliegen, dorthin, wo es keinen mehr gibt, der sie auffangen kann, wenn sie fällt. Seine Arme sind stark genug, um sie aufzufangen. Und er ist überzeugend und entschlossen genug, ihr das klarzumachen – wenn er geduldig ist.

Später, wenn sie die größten Schwierigkeiten gemeistert haben, wird er das weiche, geheimnisvolle Steinbock-Lächeln tiefen Vergnügens entdecken. Wenn er nicht schnell hinsieht, verpaßt er es vielleicht. Doch wie dem auch sei, es ist da, reflektiert von dem Sonnenlicht in ihr . . . durch das Wissen, daß sie geliebt wird.

Die Widder-Wassermann Beziehung

Widder und Wassermann haben einen außergewöhnlichen Zug gemeinsam – sie werden beide von allem Neuen merkwürdig angezogen, bis sie jeden Spaß und jede Wahrheit herausgezogen haben. Dann kümmern sie sich nicht mehr darum und gehen zu den nächsten neuen und erregenden Abenteuern über. Diese beiden werfen keinen Blick zurück und vergießen keine Träne über die Vergangenheit, wenn sie typisch für ihre Sonnenzeichen sind. Für den Widder ist das Heute *stets* weit aufregender als das Gestern. Für den Wasserträger ist das *Morgen* tausendmal phantastischer als das Gestern *oder* das Heute.

Widder und Wassermann sind von der 3:11-Sonnenzeichen-Kombination beeinflußt, und eine Verbindung dieser beiden Auren bringt ihnen die gemeinsamen Erlebnisse von Reisen, Bildung und geistigen Entdeckungen. Man kann verstehen, daß die beiden voneinander fasziniert sind.

Widder-Menschen stürzen sich voller Hingabe (für den Augenblick) in Ereignisse, enthusiastisch und gefangengenommen von dem, was vor sich geht. Der Wassermann ist ebenso enthusiastisch, doch stürzt er sich nicht kopfüber in irgendwelche Angelegenheiten. Der Wassermann geht eine Sache mit vornehmer Zurückhaltung an, schnüffelt herum, kratzt sich nachdenklich am Kopf – bleibt aber in sicherer Entfernung. Auf diese Weise kann er sich an einer Sache erfreuen, ohne darin verwickelt oder an sie gebunden zu sein.

Das Gute oder das Böse, das diese zwei Sonnenzeichen (oder

alle anderen Zeichen, die von einer 3:11-Schwingung beeinflußt sind) sich gegenseitig bringen, ist selten gering. Der Kontakt kommt nicht zufällig zustande, und sie haben beide keine bewußte Kontrolle über den Ausgang.

Der Wassermann ist eines der vier »menschlichen Zeichen« im astrologischen Kreis, die anderen drei sind Zwillinge, Jungfrau und Waage. Folglich beherrscht der Wassermann seine Leidenschaft besser als der Widder, dessen instinktive Liebe und Haß ihn oft veranlassen, in rein animalischem Verlangen zu agieren oder zur persönlichen Befriedigung seines Egos. Der von Uranus beherrschte Wassermann flieht vor einer instinktiven Handlung in das Reich eines höheren Geistes – in die Domäne einer Intuition. Dies gibt dem Wassermann eine unheimlich übersinnliche oder intuitive Fähigkeit.

Auch der Widder kann gelegentlich mit übersinnlichen Kräften begabt erscheinen, doch ist er es in Wirklichkeit nicht. Es kommt nur daher, daß er genau das Wesentliche einer Situation erkennt, und der durchdringende Einfluß des ihn beherrschenden Planeten Mars gibt ihm die richtige Antwort. Der Widder geht direkt und sofort auf den Kern des Problems zu, ohne Logik oder vernünftiges Denken.

Widder und Wassermann passen in ihrem Wesen gut zueinander. Es gibt ein beinahe sichtbares Band des Verstehens zwischen diesen beiden, so daß es ihnen möglich ist, zu jeder Zeit Spannungen durch Harmonie auszugleichen, selbst wenn ihre Meinungen und Ansichten stark divergieren. Es ist die natürliche Sympathie zwischen Feuer und Luft.

Der Widder wird oft beschuldigt, ein naiver, unpraktischer Träumer –, der Wassermann, einfach verrückt zu sein. Dies ist ein anderer Grund dafür, warum sich diese beiden gewöhnlich so gut verstehen. Sie fühlen sich beide von aller Welt mißverstanden. Auch spüren sie beide, daß sie auf dem richtigen Wege sind, einzeln oder vereint.

Die von Uranus inspirierte Toleranz des Wassermanns isoliert ihn gegen den Schock der plötzlichen Launen und das höchst originelle, kreative Drängen des Widders. Es wird Zeiten geben, wo der Widder glaubt, der Wassermann habe nicht alle Tassen im Schrank, und der Wassermann wird die Hoffnung aufgeben, mit den heißen Temperamentausbrüchen des Mars mithalten zu können. Im allgemeinen jedoch werden diese beiden sich einer verrückten, fabelhaften und einmaligen Beziehung erfreuen. Der Wassermann ist ein festes Zeichen und daher kommt es, daß er gelegentlich mehr als nur ein wenig störrisch sein kann. Doch Sturheit zieht beim Widder nicht. Nur Liebe und Freundlichkeit. Und zwar eine große Portion davon.

Der Wassermann versucht vielleicht, den Widder mit seiner Theorie zu erleuchten, daß die Unterdrückung der Persönlichkeit Friede und Glück bringe. Doch für den Widder ist die Unterdrückung der Persönlichkeit ebenso furchteinflößend, wie von einem dunklen Tunnel verschlungen zu werden.

Der Wassermann ist mit seinen Ideen und Vorstellungen seiner Zeit meist um Lichtjahre voraus, was jedoch keineswegs bedeutet, daß er nicht wie der Widder und seine Ideen auf Ablehnung stößt. »Alle menschlichen Sorgen und Probleme sind auf die Überbetonung der Emotionen und die Überbewertung persönlicher Gefühle zurückzuführen«, behauptet der Wassermann.

»Menschen, die ihre Emotionen verleugnen und ihre persönlichen Gefühle verbergen, sind kalt und herzlos, und entbehren jeder Erleuchtung und Wahrnehmung«, entgegnet der Widder.

Widder-Frau – Wassermann-Mann

Diese beiden könnten eine wunderschöne Zeit gemeinsam verbringen, wenn die Widder-Frau nur eine einzige Sache verstehen würde: Wenn ein Wassermann-Mann lacht, dann nur, weil er sehr traurig ist. Wenn er weint, fühlt er sich sehr glücklich.

Wenn sie diese Zusammenhänge erst einmal durchschaut hat, wird sie es leichter haben, mit seinen anderen Kniffen zurechtzukommen. Ich beziehe mich auf die Tricks, die ein Wassermann anwendet, um eine Widder-Frau im Zweifel zu lassen, ob sie für ihn wichtig ist. Auch auf die Listen, die er anwendet, nachdem sie es herausgefunden hat, er aber nicht wünscht, daß sie weiß, wie *sehr* wichtig sie für ihn ist. Und vergessen wir nicht die Tricks, die er gebraucht, wenn er weiß, daß er hoffnungslos verliebt ist, sich aber immer noch zu überzeugen versucht, er könne auf die Stufe der Freundschaft zurückgehen, bevor es zu spät ist. Wenn Sie Spiele lieben, so bietet dieser Mann mehr Spaß als ein Stapel Kreuzworträtsel oder ein Kofferraum voll Poker-Chips. Ein Widder-Mädchen liebt das Spiel. Doch winkt ihr hier nur ein geringer Gewinn. Sie spielt nur gern, wenn der andere Spieler sie immer gewinnen läßt.

Der Wassermann hat keine Geduld mit der Widder-Frau, die nach diesen Regeln spielt. Er ist nicht bereit, ihr Vorteile einzuräumen oder sie noch einmal würfeln zu lassen, nur weil sie verärgert ein paar Tränen vergießt.

Der Wassermann scheint manchmal grausam und herzlos zu sein, doch das täuscht. Tatsache ist, daß er stets die großen Probleme der Menschheit im Auge hat und sich dadurch nicht um die unbedeutenden Problemchen des einzelnen kümmern kann. Ihn interessiert es mehr, ein Mittel zu entwickeln, das den Schnupfen wirksam bekämpft, als ein Taschentuch zu reichen, wenn jemand niest. Er sorgt sich lieber um die Probleme der Geriatrie und des Alterns, als eine ältere Dame über die Straße zu führen. Uranus dirigiert sein Herz und seinen Verstand.

Dieser Mann ist im Grunde gutmütig und freundlich. Und seine Ziele sind edel. Der Wassermann versucht, seinen Freunden gegenüber, wenn sie in Schwierigkeiten sind, optimistisch und mitfühlend zu sein . . . auch der Widder-Frau gegenüber (die seine breite Schulter braucht, an der sie weinen kann, nachdem er sie verletzt hat). Doch besteht sein Mitgefühl zu oft aus ziemlich vagen Allgemeinheiten.

Nun gut, er kann also freundlich und sanft, zärtlich, lieb und lustig sein, wenn es ihm paßt. Aber er ist immer noch gefühl- und herzlos, wenn er durch die sentimentalen Augen einer sensibleren, offenherzigeren Widder-Frau gesehen wird. Die Unterschiede ihrer Naturen können gelegentlich durch Kompromisse überdeckt, aber nie vollkommen überwunden werden.

Da Eifersucht die Achilles-Ferse der Widder-Frau ist, hat ihre Beziehung eher Bestand, wenn sie ihm erlaubt, seine Freunde nach Hause zu bringen, als ihn dazu zu zwingen, sie draußen im Park zu treffen. Es gibt nichts, was sie tun kann, um seine Einstellung zur Freundschaft zu ändern. Er ist menschenfreundlich. Er mag Leute. Sie muß sich einfach damit abfinden.

Sie sollte am besten alle seine Tugenden – seherischen Weitblick, Originalität, weise Voraussicht, Freundlichkeit und Menschenfreundlichkeit – vergessen und sich auf seine Laster konzentrieren. Er hat davon eine ganze Menge.

Er ist unberechenbar. Sie wird wohl zugeben müssen, daß dies eine erregende Eigenschaft für den Widder ist. Hier winkt ihr die Liebe des Mars zur Herausforderung zu. Er ist auch exzentrisch, merkwürdig, unkonventionell und seltsam. Wunderbar. Wenn es etwas gibt, das diese Frau als wirkliche Belastung empfindet, so ist es ein engstirniger Mann, der in überkommenen Gewohnheiten gefangen ist.

Im sexuellen Bereich reagiert der Wassermann zurückhaltend, beinahe schüchtern auf ihre feurige Leidenschaft. Wird es der Widder-Frau gelingen, aus ihm den feurigen Liebhaber zu machen, den sie sich wünscht? Er ist bereit, sich belehren zu lassen, und sie soll ihn lehren. Ob er nun Fortschritte macht, ist eine ganz andere Frage. Nein, sie ist hier nicht über eine männliche Jungfrau gestolpert. Dies wäre zwar möglich, aber der Grund für seine Scheu und Verwunderung ist wahrscheinlich, daß für den typischen Wassermann jede neue Lebenserfahrung genau wie die erste ist – er muß sie kosten, genießen und dann entweder hegen oder aufgeben. Seine Einstellung zur Liebe ist nicht anders. Da die Anziehung zwischen Widder und Wassermann im wesentlichen auf emotionellem Gefallen und intellektueller Neugier beruht, ist die Frage, ob sie sexuell harmonieren, schwer zu beantworten. Es ist wieder das gleiche, alte Problem. Seine *offensichtliche* Gleichgültigkeit – ihre Ungeduld mit allem, was keine sofortige Befriedigung bereitet. Wenn jedoch die Sonne-Mond-Beziehung zwischen ihren Horoskopen harmonisch ist (oft auch, wenn sie es nicht ist), besteht eine Möglichkeit, daß zwischen ihnen im körperlichen Ausdruck der Liebe die Übung zur Vollkommenheit führen kann.

Eine ganze Reihe ihrer Probleme entspringt dem Umstand, daß sie in einem Kardinalzeichen geboren ist und daher führen möchte – er hingegen in einem festen Zeichen und es daher ablehnt zu folgen. Auch sind sie beide unter einem männlichen

Zeichen geboren und werden außerdem von zwei männlichen mächtigen, unberechenbaren Planeten beherrscht. Mars und Uranus sind gleichermaßen explosiv und ungestüm.

Der Einfluß der 3:11-Sonnenzeichen-Kombination (die Möglichkeit, leicht Freundschaft zu schließen, und der freie Gedankenaustausch) wird helfen, die Schwierigkeiten abzubauen. Außerdem sollte es den beiden möglich sein, ein gerüttelt Maß an irdischen Gütern zu erwerben.

Widder-Mann – Wassermann-Frau

Das Wassermann-Mädchen umgibt eine seltsame Aura geistesabwesender Gleichgültigkeit. Mancher versteht es als Tagträumerei. Großmutter hätte es als »Luftschlösser bauen« bezeichnet. Der Widder nennt es eine unverzeihliche Beleidigung. Für einen männlichen Widder, der ja unter einem Kardinalzeichen geboren wurde, ist es ein Kardinalfehler, ihn zu ignorieren. Sie ignoriert ihn jedoch nicht wirklich.

Der Widder-Mann verliebt sich ungestüm und heftig und verlangt sofortige Erwiderung. Wenn er diese nicht in kürzester Zeit bekommt – in allerkürzester Zeit –, so schaltet sich ein Abwehrmechanismus gegen seelische Kränkungen ein, und er sagt sich selbst: »Wer braucht sie schon?« *Er* braucht sie, vielleicht sogar sehr, doch Widder ist nicht das Zeichen, das eine unerwiderte Liebe riskiert, wenn es nicht sein muß. Für eine Wassermann-Frau ist es nie so einfach, sicher zu sein, ob sie verliebt ist, selbst wenn sie sich sehr für einen Mann interessiert. Dies kommt von dem Uranus-Freundschaftsfluch oder -segen (es kann beides sein, je nachdem). Sie findet immer etwas äußerst Faszinierendes und Anziehendes bei jedem Fremden, den sie trifft, ganz zu schweigen von den Menschen, die sie kennt. Wie kann sie den Unterschied zwischen Faszination und Liebe erkennen? Diese Frau steht wirklich vor einem Problem, wenn sie die Antwort auf die Frage finden will: »Ist es Liebe oder Freundschaft?« Nur eines weiß sie sicher: Liebe muß mit Freundschaft beginnen. Ihr Element ist die Luft, sie ist unter einem geistigen Zeichen geboren – und sie muß von einem Mann intellektuell angezogen werden, bevor sie eine sexuelle oder Liebesbeziehung erwägt. Das soll nun nicht heißen, daß sie nicht ab und zu einen Fehler macht. Schließlich sit sie nicht unfehlbar. Sie begeht aber seltener Fehler in der Beurteilung von Männern als ihre Sonnenzeichen-Schwestern, die nur eine Art physischen Besitzes in einem Mann suchen.

Sie sucht etwas anderes. Nur, was es ist, weiß sie selbst nicht genau – nur, daß es etwas anderes ist. Wenn sie es einmal gefunden hat, so wird sie sich intensiv dafür interessieren, doch vorher wird sie sich von niemandem verführen lassen, der nur ein kurzes, sinnliches Vergnügen sucht. Auch wird sie sich nicht von den beständigen idealistischen Liebesbeteuerungen des Widders, die nur auf impulsiven Emotionen allein beruhen, beeindrucken lassen. Aber sie ist nicht prüde, und wenn sie einmal glaubt, es könnte geistig erregend, fesselnd und wert sein, mit dem Widder, von dem sie sich angezogen fühlt, intim zu werden, so spielt sie sicher nicht mit koketten Tricks, um ihn in Unsicherheit zu wiegen. Möglicherweise ist sie es sogar, die ihm vorschlägt, die Nacht bei ihr zu verbringen. Warum soll eine Frau kein Recht haben, einem Mann einen solchen Vorschlag zu unterbreiten?

Die sexuelle Gleichberechtigung bringt uns zu dem vielleicht einzigen bedrohenden Aspekt einer Beziehung zwischen diesen beiden. Sie wurde unter einem männlichen Sonnenzeichen geboren, und ihr Verhalten und ihre Handlungen sind von dem männlichen Planeten Uranus geleitet. Auch der Widder ist unter einem männlichen Sonnenzeichen geboren, sein Verhalten und seine Handlungen werden ebenso aggressiv von dem ebenfalls männlichen Planeten Mars geleitet. Dazu kommt noch, daß sie in einem festen Zeichen, er in einem Kardinalzeichen geboren ist. Dies hört sich ziemlich entmutigend an; jedoch herrscht kein dauerndes Gegeneinander zwischen den beiden. Es gibt auch einen gehörigen Anteil von Geben und Nehmen, hauptsächlich wegen des günstigen Einflusses der 3:11-Sonnenzeichen-Kombination; sie gibt ihrer Beziehung viele Hilfen für Glück und Harmonie. Die günstigste davon ist der Freundschafts-Aspekt der 3:11-Kombination, die den so beeinflußten Paaren erlaubt, Freunde wie auch Liebende zu sein.

Wenn sie sich einmal entschieden hat, daß eine Beziehung ihre totale Hingabe wert ist, kann das Sexualleben des Widders mit dem weiblichen Wassermann (der übriges, ohne Rücksicht darauf, daß er Wassermann genannt wird, kein Wasser-, sondern ein Luftzeichen ist – dies ist nur einer der vielen Widersprüche) das Potential für eine seltene und wundervolle Verbindung enthalten. Ein Wort der Warnung jedoch an den Widder. Sie langweilt sich schnell, wenn sie ihre erste Neugier befriedigt hat. Deshalb ist es die beste Versicherung dafür, daß ihre Leidenschaft nicht erkalten wird, wenn der Widder-Mann die sexuelle Vereinigung als etwas Besonderes, anderes und irgendwie Ungewöhnliches ansieht. Er sollte beim Liebesspiel von Zeit zu Zeit variieren. Ihr macht es nichts aus, ob diese Variationen aus einem tiefen und stillen Beisammensein nach einem Streit bestehen, mit der plötzlichen Erfüllung des Liebeshungers, die eine deutliche Abbitte ohne Worte zwischen ihnen ist . . . oder ob er einfach eine ungewöhnliche Tageszeit wählt, anstatt sich immer nur an das Schlafenszeit-Ritual zu halten. Ob sie nun bei der Liebe flüstern oder sprechen . . . ob er nun zärtlich und liebevoll oder ungestüm und wild ist – wichtig bleibt nur, daß der Sex niemals langweilig wird – und niemals ein sich wiederholendes Ritual. Er muß ihr Verlangen nach Abwechslung erkennen.

Den Widder sexuell zu befriedigen und glücklich zu machen, erfordert viel Rücksichtnahme, und diese Frau, die weder absichtlich noch unfreiwillig *un*besonnen ist, kann sich in einer Vielfalt von Aktivitäten und Interessen verlieren und dabei das Wichtigste vergessen – ihre Liebe.

Der Wunsch, mit allem zu experimentieren, alles selbst zu erfahren, und das unberechenbare Verhalten der Wassermann-Frau erscheinen dem Widder, der sie wirklich liebt, manchmal vielleicht wie sprunghafte, wechselhafte Launen. Sie wird ja von Uranus, dem Planeten der Veränderlichkeit, beherrscht.

Eines aber wird sie immer wieder tun: ihn auf die Probe stellen, ob er immer noch der Mann ist, der sie zum ersten Mal zum Lachen brachte, als sie traurig – und sie zum Weinen brachte, als sie glücklich war.

Die Widder-Fische Beziehung

Die Verhaltensweise, die sich beim Widder abzeichnet, ist *Aggressivität,* manchmal im Übermaß. Die Verhaltensweise, die sich bei den Fischen abzeichnet, ist *Anpassung*, manchmal im Übermaß. Der Widder ist ein Feuerzeichen, der Fisch ein Wasserzeichen. So besteht ein bedeutender Unterschied zwischen der Aggressivität des Widders und der Anpassung des Fischs.

Man kann sehen, wie sich der Fisch anpaßt. Was man aber vielleicht nicht sehen kann, sind die verschiedenen Motivationen dafür. Der herzensfreundliche Fisch möchte gefallen, wo er kann. Jeder Fisch fürchtet die Schwierigkeiten einer offenen Konfrontation, und er sieht es nicht gern, wenn sich alle Aufmerksamkeit auf ihn konzentriert. Aber es gibt auch noch subtilere Gründe dafür, daß der Fisch sich nur widerstrebend eine persönliche Meinung bildet: Er ist immer auf der Hut vor Schnüfflern.

Wenn ein Widder auf einen Fisch trifft, sieht es so aus, als könnte dessen liebe, sanfte und zärtliche Seele von dem Widder-Menschen mehr oder weniger, wie es ihm gefällt, herumgestoßen werden. Ich sage es nicht gern, doch es ist genau das, was der feurige Widder oft mit dem Fisch, dessen Element das Wasser ist, versucht. Doch der Widder sollte die Naturwissenschaften studieren.

Dabei wird er vieles über die Elemente lernen – Erde, Luft, Feuer und Wasser –, und daß Wasser für das Feuer gefährlich werden kann. Das Geheimnis der großen Kraft des Wassers ist sein Nicht-Widerstand. Wasser *leistet keinen Widerstand*. Was geschieht, wenn man einen Kieselstein in einen Fluß wirft? Das Wasser zeigt keinen Widerstand dem Objekt gegenüber, das seine Ruhe durchdringt. Der Fluß öffnet sich, schluckt den Kieselstein, bedeckt ihn – und setzt seinen Weg fort.

Der Fisch ist von der geheimnisvollen, unendlichen Weisheit des Neptun beeinflußt; aus diesem Grund widersteht er selten dem aggressiveren Widder, der von der feurigen Kraft des roten Planeten Mars geführt wird. Der Widder spürt oft, daß der Fisch eine beruhigende, kühlende Wirkung auf seine flammenden Frustrationen hat. Eine Verbindung zwischen ihnen ist gewöhnlich für beide günstig.

Hier handelt es sich um eine 2:12-Sonnenzeichen-Kombination, d.h. daß Widder das zweite Haus zum Fisch darstellt und der Fisch das zwölfte Haus zum Widder. Im Klartext bedeutet dies, daß der Widder auf die eine oder die andere Art für den Fisch Geld symbolisiert, im negativen oder auch positiven Sinn. Irgendwie wird Geld immer eine bedeutende Rolle spielen und ein häufiges Gesprächsthema zwischen diesen beiden sein.

Für den Widder ist der Fisch ein Mensch, der viele Geheimnisse hat, sie für sich behält und nicht erzählt, und dies verärgert den Widder zutiefst. Ist dies nicht der Fall, so verbringen die beiden viel Zeit damit, ihre Geheimnisse zu diskutieren – oder ihre in der Vergangenheit erlittenen Niederlagen.

Da der Fisch im karmischen Rad hinter dem Widder steht, fühlt der Widder eine instinktive Toleranz für die schwachen Seiten des Fisches und versteht irgendwie sein Verhalten, obwohl es noch so sehr von seinem eigenen abweicht. Man könnte sagen, daß der Widder das Verhalten des Fisches ohne Neid, und ohne es zu verdammen, versteht und anerkennt.

Wegen des 2:12-Einflusses wird der Fisch immer irgendwie zum Widder aufsehen, als hätte dieser ihn etwas Wichtiges zu lehren; im Gegensatz zu den anderen Sonnenzeichen imitiert und lernt der Fisch gern vom Widder, dem Zeichen, das im Tierkreis vor ihm steht. (Wasser ist nicht nur das stärkste und mächtigste der vier Elemente – Wasser ist auch das weiteste – und *aus diesem Grund* das stärkste.)

Im großen und ganzen verstehen sich Widder und Fische gut,

und keiner von beiden ist besonders daran interessiert, in die Lebensweise des anderen einzugreifen, sondern eher daran, diese zu ergänzen. Jedoch wird es Zeiten geben, in denen hitzige Auseinandersetzungen (Widder) oder eisige Ablehnung (Fische) drohen. Der direkte Widder hat wenig Geduld mit der Taktik des ausweichenden Fisches.

Das Fische-Motto: »Versprich alles, aber halte dich nicht daran«, klingt vielleicht hinterlistig; aber es ist eine Philosophie, die den Fisch jung und gelassen sein läßt – und von der Couch des Psychiaters fernhält. Es gestattet dem Fisch, seine Energie zu erhalten, und ermöglicht ihm, ruhig genug zu bleiben, um sich die Sorgen der anderen stundenlang anzuhören. Für den Widder jedoch bleibt hinterlistig immer hinterlistig.

Widder-Frau – Fische-Mann

In der Widder-Fische-Kombination gibt es weniger Reibereien, wenn er im Zeichen Widder und sie im Zeichen Fische geboren ist. Eine Widder-Frau braucht einen Mann, der ein sehr dickes Fell hat und auch mal mit der Faust auf den Tisch schlägt und sagt: »Sei ruhig und hör zu«, wenn es nötig ist. Und es wird bei dieser Frau ganz bestimmt von Zeit zu Zeit nötig sein.

Natürlich gibt es auch hier die Ausnahmen, die die astrologische Regel bestätigen. Ein Fische-Mann etwa, dessen Mond oder Aszendent in einem Feuerzeichen wie Widder, Schütze oder Löwe steht, kann vielleicht die richtige Mischung aus feurigem Befehlston und sanftem Verhalten besitzen, um diese eher impulsive Frau in ein sanftes Lamm zu verwandeln. Vielleicht nicht ganz *so* sanft – aber fügsamer und leichter lenkbar, als sie es bei anderen Männern wäre.

Irgendwie ist es genau das, wonach sie sich sehnt und was sie sucht: jemand, der sie – gelegentlich – an die Kandare nimmt (und sie weiblich fühlen läßt), der ihr meist erlaubt, das Kommando zu führen – und der (für die Zeit, die noch übrigbleibt), der edelmütige, charmante Prinz ihrer Träume ist. Sie braucht einen großen starken Bruder, der sie beschützt, einen Kameraden, der ihr an Intelligenz ebenbürtig ist, einen Liebhaber, der sie erobert, und einen ruhigen Mann, der nicht versucht, ihre lebendige Persönlichkeit einzuschränken oder sie zu beherrschen.

Eine Widder-Frau ist fröhlich und lebenslustig. Sie ist hübsch, energisch, geistvoll und sprüht vor Wärme und Großzügigkeit. Doch man muß sie gelegentlich etwas zügeln, wenn ihr Geburtsherrscher Mars sie zu lebhaft und übermütig werden läßt – in ihrem eigenen Interesse oder im Hinblick auf die Seelenruhe ihres geliebten Mannes.

Ein Fische-Mann glaubt wahrscheinlich mehr als jeder andere Mann an die romantische Zauberwelt, in der jede Widder-Frau lebt. Sie wird ihn dafür lieben. Sie vertraut seinen Träumen, glaubt an seine Visionen – und wird (zumindest am Anfang) vor Erregung über sein Feingefühl und seine Zärtlichkeit zittern. Dann wird sie das unwiderstehliche Verlangen spüren, ihn gegen Menschen zu verteidigen, die ihn auf unfaire Weise als einen müßigen Träumer ohne Zukunft beurteilen. (Sie wird dazu genügend Gelegenheiten finden.)

Der Fische-Mensch wurde unter einem komplizierten und schwierigen Sonnenzeichen geboren. Die Sterne bedeuteten ihm bei seiner Geburt, daß er seinen Weg durch einen Nebel von Tagträumen finden müsse. Sein herrschender Planet Neptun scheint ihn auf ewig in Situationen zu führen, die so mysteriös und mit Intrigen und Halbwahrheiten gespickt sind, daß nicht einmal ein Hellseher auf den Grund dieses Durcheinanders sehen könnte.

Doch nicht nur das: sein Neptun-Mitleid kann ihn in Lagen bringen, die man nur mit seltsam bezeichnen kann. Dies zwingt ihn dazu, seine übertriebene Empfindsamkeit unter den verschiedenartigsten Deckmänteln zu verbergen – von Verschrobenheit und Reizbarkeit bis zur Trunkenheit und Flucht in den Drogenkonsum. Aber viele kreative Schriftsteller, phantasievolle Künstler und abstrakte Denker (wie Einstein) waren auch Fische; nur haben sie gelernt, die von ihrer Neptun-Natur verursachten Probleme in den Griff zu bekommen. Jeder Fisch kann sich aussuchen, wohin er schwimmt, wenn er aus den chaotischen Gegenströmungen ausbricht.

Die Gefahr, die einer Beziehung zwischen einer Widder-Frau

und einem Fische-Mann anhaftet, ist die, daß sie ihre Geschlechterrollen vertauschen können. Ein männlicher Fisch kann so männlich, kräftig und muskulös sein wie der Mann von nebenan. Aber auch viel zu empfindlich – für einen Mann. Der weibliche Fisch kann so weiblich, lieblich und bezaubernd sein wie das Mädchen von nebenan. Aber sie ist auch energisch, unabhängig und hat einen starken Willen – ungewöhnlich für eine Frau. Aus seinem Instinkt heraus, vor Konflikten zurückzuweichen, zieht der Fische-Mann es vor, vor dem Feuer der Widder-Frau lieber zu kapitulieren, anstatt ihm die Stirn zu bieten.

Sie wird ihm vielleicht auch seine Weigerung, sich mit anderen anzulegen, übelnehmen. Es geht über ihr Verständnis, wie jemand soviel hinnehmen kann. Ebenso wie es über *sein* Verständnis geht, wie jemand ständig auf beiden Füßen steht, kämpft, angreift und dabei alle Energie verschwendet. Wenn seine Milde ins Extreme geht, kann sie das schließlich dazu anstacheln, beißende und unfreundliche Bemerkungen auszustoßen, die sie nicht wirklich meint, die jedoch seine Gefühle zutiefst verletzen.

Die sexuelle Beziehung zwischen ihnen ist eine ewige und wunderbare gegenseitige Anziehung explosiver Aktivität und kühler Ruhe und Gelassenheit. Aber sie kann auch die Anziehung eines potentiellen Eroberers auf ein potentielles Opfer sein, sollten ungünstige Planeten-Einflüsse zwischen ihren jeweiligen Horoskopen bestehen. Bei günstigen Planeten-Aspekten zwischen den Horoskopen könnten Widder und Fische aber eine außergewöhnlich glückliche Beziehung entwickeln, die zeitweilige Streitigkeiten oder verletzte Gefühle leicht überdauert.

Ein Fische-Mann, der eine Widder-Frau lehren will, ruhig neben ihm zu schwimmen, muß mit ihr ein- für allemal ins reine kommen. Seine Vorliebe, Geheimnisse für sich zu behalten und Halbwahrheiten zu sagen, um ihre (und seine) Gefühle nicht zu verletzen, kann diese Frau niemals verstehen. Sie legt alle Karten auf den Tisch und vertraut keinem Spieler, der seine Asse im Ärmel versteckt. Wenn der Fische-Mann nicht bereit ist, hundertprozentig ehrlich zu ihr zu sein, in jeder Beziehung, sollte er sich lieber einen anderen Partner suchen.

Sollte er eines Tages entdecken, daß er ihr nichts vorenthalten kann, nicht einmal seine innersten Gefühle, und er sich gezwungen fühlt, all seine geheimen Sehnsüchte für sie aufzudekken – dann liebt er sie. Es ist das erste Zeichen der Kapitulation eines Fische-Manns.

Aber es ist keine Garantie dafür, daß seine Kapitulation zur Ehe führt. Diesem Mann widerstrebt es ganz besonders, die Komplikationen einer emotionalen *wie auch* legalen Bindung auf sich zu nehmen.

Er schwankt vielleicht, ob er sie verlassen oder zurückkehren soll, und ist sich nicht sicher, wie er seine Verehrung für sie ausdrücken kann. Aber alles, was sie will, ist, geliebt und verstanden zu werden – sie will so, wie sie ist, anerkannt werden. Tatsächlich ist es das gleiche, was auch er will.

Widder-Mann – Fische-Frau

Da kein Mann männlicher als der Widder und keine Frau weiblicher als die Fische-Frau ist, wird die Liebe zwischen diesen beiden niemals durch eine unklare Verteilung der Geschlechterrollen getrübt. Sie sind wirklich in jeder Beziehung ein ideales Paar. Wenn sich Widder und Fisch verlieben, lächelt Mutter Natur zustimmend.

Im günstigsten Falle bringt diese Verbindung all den leuchtenden Heldenmut des Widders und all die zärtliche Verehrung der Fische-Frau zum Vorschein. Diese beiden verkörpern Romeo und Julia in Person. Im ungünstigsten Falle zeigt diese Beziehung seinen latenten Mars-Sadismus und ihren latenten Neptun-Masochismus. Aber selbst, wenn er an diesem tyrannischen Herr-im-Haus-Spiel und sie an ihrem unschuldigen Eva-Spiel Gefallen findet, warum sollten wir ihnen diesen Spaß verderben?

Widder und Fische kommen gewöhnlich nicht so gut miteinander aus, vor allem über eine lange Zeitspanne hinweg. Er würde mit einem Luft- oder Feuerzeichen normalerweise besser harmonieren und sie mit einem Erd- oder Wasserzeichen. Im Grund sind die beiden ziemlich verschieden, und zwar im

Sinn der unsterblichen Worte der Franzosen: »Vive la différence!« Dies könnte Grund genug sein, daß sie sich zu Beginn anziehen. Wenn sie diese erste Sympathie zu einer stabilen Beziehung ausbauen möchten, hätten sie gute Aussichten auf Erfolg.

Ein Fische-Mädchen ist ein ausgezeichneter Zuhörer. Auf diese Weise hat sie alle Bewunderer um sich geschart, seit der Volksschule. Auch ist sie wunderbar bescheiden und mitfühlend, und *aus diesem Grund* verfängt sie sich in ihrem eigenen Neptun-Netz. Eine Fische-Frau, die schließlich fühlt, daß ihre Individualität von dem dominierenden Ego des geliebten Widder-Manns erstickt wird, protestiert gewöhnlich nicht lautstark oder streitet sich deswegen nicht mit ihm. Wie verzweifelt sie auch sein mag, sie lächelt wahrscheinlich . . . doch mit einem leeren Ausdruck in den Augen. Wenn er über eine Kleinigkeit in Wut gerät, steckt sie das ein und läßt ihn wüten. Sie blinzelt nur ein paarmal und gähnt. Ihr Gähnen könnte aber ein stiller Schrei sein.

Sollte sie den Anschein erwecken, zu träumen oder sich gehen zu lassen, sollte sie geistesabwesend lächeln und ihre Aufmerksamkeit ihm nicht ungeteilt gelten, so muß sich der Widder fragen, ob er nicht ihre Wünsche vernachlässigt hat, indem er seine eigenen verfolgte, was er sehr gern tut, obwohl niemals absichtlich. Ein Widder-Mann ist sich seiner gelegentlichen Selbstsucht nie bewußt.

Er hatte nie die Absicht, brutal oder gefühllos zu sein. Niemand kann so sentimental, herzensgut, töricht großzügig und loyal in der Liebe sein wie der Widder.

Dies bringt uns zum Thema der Untreue (ein Thema, das wir schließlich in jedem Widder-Kapitel anschneiden). Ein Fische-Mädchen flirtet nicht mit anderen Männern, aber Vorsicht: die Männer flirten mit *ihr*. Sie sucht keine Abenteuer, aber sie hält die Bewunderung des männlichen Geschlechts für den nettesten Teil eines Frauenlebens.

Auch der Widder ist kein Playboy-Typ. Er wird eine kleine Verehrung durch das andere Geschlecht jedoch nicht zurückweisen, sie poliert schließlich sein Selbstwertgefühl auf. Es ist für ihn ein Teil des Männerlebens. Was die Treue angeht, so sollten sich zwischen ihnen keine Schwierigkeiten ergeben; es werden aber wahrscheinlich doch welche auftreten. Die Fische-Frau neigt dazu, ihrem Mann zu vertrauen und ihn zu verstehen – der Widder jedoch besteht nie so nachdrücklich auf der Freiheit seines Partners wie auf seiner eigenen. Seiner Meinung nach sind *seine* gelegentlichen Treffen mit anderen Frauen harmlos. Die ihren dagegen sind seiner Meinung verdächtige, vorsätzliche Handlungen, die auf einen wirklichen Akt der Untreue hinzielen.

Dies ist natürlich ganz und gar nicht fair. Es könnte helfen, wenn sie erkennt, daß seine Einstellung auf keiner romantischen Selbstsucht beruht, sondern auf seinen gut verborgenen Gefühlen der Unzulänglichkeit. Da sie vom Mitgefühl des Neptun beeinflußt und geführt wird, versteht sie wahrscheinlich seine geheimen Ängste und wird sich demgemäß verhalten. Ob er recht hat oder nicht, ein Widder-Mann wird niemals eine wild flirtende oder untreue Frau tolerieren – und ein kleiner Flirt ist mehr als genug für ihn.

Nehmen Sie zwei vollkommen verschiedenartige Menschen – werden sie sich mehr und mehr lieben – oder weniger und weniger? Für Widder und Fische sind nicht die Unterschiede zwischen ihnen von Bedeutung, sondern das, was sie gemeinsam haben – die Angst, in ihren Gefühlen verletzt zu werden. Ihre Verletzlichkeit ist leicht erkennbar – *seine* ist vielleicht durch die Mars-Tapferkeit und -Dreistigkeit verkleidet, aber sie ist ebenso vorhanden, wird ebenso schmerzhaft empfunden wie *sie* die eigene empfindet.

Die Persönlichkeits-Typen

Kardinalzeichen (Führer)	Feste Zeichen (Organisatoren)	Veränderliche Zeichen (Vermittler)
Widder	Stier	Zwillinge
Krebs	Löwe	Jungfrau
Waage	Skorpion	Schütze
Steinbock	Wassermann	Fische

Positive (männliche) Zeichen (aggressive, dynamische Idealisten)	Negative (weibliche) Zeichen (verschlossene, nachdenkliche Strategen)
Widder	Stier
Zwillinge	Krebs
Löwe	Jungfrau
Waage	Skorpion
Schütze	Steinbock
Wassermann	Fische

Feuerzeichen (inspiriert)		Luftzeichen (geistig)	
Widder –	Kardinal – Feuer	Waage –	Kardinal – Luft
Löwe –	Fest – Feuer	Wassermann –	Fest – Luft
Schütze –	Veränderlich – Feuer	Zwillinge –	Veränderlich – Luft

Erdzeichen (sachlich)		Wasserzeichen (empfindsam)	
Steinbock –	Kardinal – Erde	Krebs –	Kardinal – Wasser
Stier –	Fest – Erde	Skorpion –	Fest – Wasser
Jungfrau –	Veränderlich – Erde	Fische –	Veränderlich – Wasser

Widder:	Feuer-Positiv-Männlich-Kardinal inspirierter, aggressiver, dynamischer, idealistischer *Führer*
Löwe:	Feuer-Positiv-Männlich-Fest inspirierter, aggressiver, dynamischer, idealistischer *Organisator*
Schütze:	Feuer-Positiv-Männlich-Veränderlich inspirierter, aggressiver, dynamischer, idealistischer *Vermittler*
Steinbock:	Erde-Negativ-Weiblich-Kardinal verschlossener, nachdenklicher, strategischer *Führer*
Stier:	Erde-Negativ-Weiblich-Fest verschlossener, nachdenklicher, strategischer *Organisator*
Jungfrau:	Erde-Negativ-Weiblich-Veränderlich verschlossener, nachdenklicher, strategischer *Vermittler*
Waage:	Luft-Positiv-Männlich-Kardinal geistiger, aggressiver, dynamischer, idealistischer *Führer*
Wassermann:	Luft-Positiv-Männlich-Fest geistiger, aggressiver, dynamischer, idealistischer *Organisator*
Zwillinge:	Luft-Positiv-Männlich-Veränderlich geistiger, aggressiver, dynamischer, idealistischer *Vermittler*
Krebs:	Wasser-Negativ-Weiblich-Kardinal empfindsamer, verschlossener, nachdenklicher, strategischer *Führer*
Skorpion:	Wasser-Negativ-Weiblich-Fest empfindsamer, verschlossener, nachdenklicher, strategischer *Organisator*
Fische:	Wasser-Negativ-Weiblich-Veränderlich empfindsamer, verschlossener, nachdenklicher, strategischer *Vermittler*

Die Verbindung der Elemente

Feuerzeichen	
Widder Löwe Schütze	Feuer verbindet sich leicht mit Feuer und Luft, verlangt aber Toleranz in Verbindung mit Erde und Wasser.
Luftzeichen	
Waage Wassermann Zwillinge	Luft verbindet sich leicht mit Luft und Feuer, verlangt aber Toleranz in Verbindung mit Erde und Wasser.
Erdzeichen	
Steinbock Stier Jungfrau	Erde verbindet sich leicht mit Erde und Wasser, verlangt aber Toleranz in Verbindung mit Feuer und Luft.
Wasserzeichen	
Krebs Skorpion Fische	Wasser verbindet sich leicht mit Wasser und Erde, verlangt aber Toleranz in Verbindung mit Feuer und Luft.

Feuer und Feuer

Wenn Feuer auf Feuer trifft, können die daraus entstehenden größeren und heißeren Flammen entweder zu einer Feuersbrunst führen, die sich selbst verzehrt und ausbrennt – oder sie können die Dunkelheit erhellen und das Eis und die Furcht des negativen Denkens schwinden lassen. Die Wahl liegt zu gleichen Teilen bei beiden Individuen.

Luft und Luft

Wenn Luft auf Luft trifft, ist das Ergebnis vollkommene Bewegungsfreiheit mit wenig oder keiner Einschränkung. Diese Verbindung kann zu einem glorreichen geistigen, emotionalen und spirituellen Aufschwung führen. Doch ohne den Wind der Veränderung wird Luft muffig und verschmutzt; unter bestimmten Voraussetzungen kann Luft aber auch zur wütenden Raserei eines Tornados werden. Die Wahl liegt zu gleichen Teilen bei beiden Individuen.

Erde und Erde

Wenn Erde auf Erde trifft, kann diese Verbindung sich selbst einen mächtigen Berg von Glauben und Kraft bauen – oder statt dessen eine ausgedörrte Wüste werden, je nach der Richtung, die sie nimmt. Das Ergebnis kann auch ein Erdbeben mit vulkanischem Widerhall sein. Die Wahl liegt zu gleichen Teilen bei beiden Individuen.

Wasser und Wasser

Wenn Wasser auf Wasser trifft, gibt es keinen Widerstand und führt zu einem ständigen Strom an Inspiration, der schließlich in einen großen Ozean der Erleuchtung mündet – oder aber im negativen Sinn in eine kleine Bucht führt, aus der es kein Entrinnen gibt. Wasser löscht den Durst, doch ist es einmal außer Kontrolle, kann es verheerende Fluten erzeugen. Die Wahl liegt zu gleichen Teilen bei beiden Individuen.

Feuer und Luft

Luft schürt Feuer und läßt es heller brennen, stimuliert Enthusiasmus und Erregung – oder entzündet Leidenschaft und Zorn. Zuviel Feuer kann den Sauerstoff der Luft verbrennen und läßt somit das Atmen zum Problem werden – und zuviel Luft, etwa ein starker Wind, kann eine Flamme düsterer flakkern lassen. Die Wahl liegt zu gleichen Teilen bei beiden Individuen.

Feuer und Erde

Es ist offensichtlich, welches der beiden Elemente das stärkere und dauerhaftere ist. Erde bleibt, wo sie ist, wenn sie nicht durch eine innere Explosion oder durch äußere Kräfte bewegt wird. Feuer bahnt seinen eigenen Kurs und strebt immer zun Himmel. Feuer kann die Erde versengen, aber niemals ganz zerstören. Erde kann Feuer unterstützen, indem sie ein festes Fundament für seine Flammen baut; zuviel Erde jedoch kann auch das leuchtendste Feuer begraben. Die Wahl liegt zu gleichen Teilen bei beiden Individuen.

Feuer und Wasser

Ein großes Feuer kann durch seine übermäßige Hitze eine kleine Menge Wasser austrocknen. Andererseits können große Mengen Wasser Feuer löschen, die Flammen ersticken. Daher fürchtet oder respektiert Feuer instinktiv das Wasser und umgekehrt. Beide spüren im Unterbewußtsein die Gefahr – daß jeder fähig ist, den anderen vollkommen zu zerstören. Die Wahl liegt zu gleichen Teilen bei beiden Individuen.

Erde und Luft

Erde enthält Luft und braucht sie, aber Luft enthält weder Erde, noch braucht sie sie. Erde muß bleiben, wo sie ist, und kann nur durch Erdbeben, vulkanische oder äußere Kraft bewegt werden. Luft hat sich von solchen Einschränkungen freigemacht und bewegt sich je nach Laune über die Erde, verändert weder die Erde, noch verharrt sie dort lange Zeit. Die Erde ist unabhängig von der Luft, ist sich scheinbar deren Existenz nicht bewußt, so lange, bis starke Winde die Pflanzen und Blumen stören, die auf ihrer Oberfläche wachsen, in ihrem Schoß verwurzelt sind. Das Ergebnis wird von der Wahl bestimmt, die zu gleichen Teilen bei beiden Individuen liegt.

Erde und Wasser

Wasser sucht ein Heim, das es in der Erde findet, indem es sie durchdringt und befeuchtet, was einen Segen für die Erde darstellt. Denn es ist das Wasser allein, das der Erde erlaubt, allen Pflanzenformen, Bäume und Blumen, Leben zu schenken. Ohne die *Bereicherung* durch Wasser ist die Erde trocken und unbrauchbar. Diese beiden Elemente sind dazu bestimmt, voneinander abhängig zu sein. Doch zuviel Wasser kann die Erde in Schlamm und Schwimmsand verwandeln – und zuwenig Wasser kann in den Gebirgsmassen der Erde verschwinden und sich verlieren. Das Ergebnis wird von der Wahl bestimmt, die zu gleichen Teilen bei beiden Individuen liegt.

Luft und Wasser

Luft durchdringt Wasser . . . bewegt es, wühlt es zu peitschenden Wellen auf . . . und zieht weg . . . ein Eindringen oder ein Angriff, über den Wasser keine Kontrolle hat. Wenn Wasser Luft in Form von Feuchtigkeit durchdringt, so wird die Luft schwer. Doch bringt dies der ganzen Natur auch die Erleichterung des Regens, der wie durch Zauber Luft *in ihr eigenes Element* zurückverwandelt, eine Umwandlung, über die die Luft keine Kontrolle hat. In der endgültigen Analyse hat keines der beiden Individuen eine Wahl bezüglich des Ergebnisses – nur durch den höheren Willen des Schicksals.

Die Sonnenzeichen-Kombinationen

1:1-Sonnenzeichen-Kombinationen

Widder–Widder
Stier–Stier
Zwillinge–Zwillinge
Krebs–Krebs
Löwe–Löwe
Jungfrau–Jungfrau
Waage–Waage
Skorpion–Skorpion
Schütze–Schütze
Steinbock–Steinbock
Wassermann–Wassermann
Fische–Fische

2:12-Sonnenzeichen-Kombinationen

Widder–Fische
Stier–Widder
Zwillinge–Stier
Krebs–Zwillinge
Löwe–Krebs
Jungfrau–Löwe
Waage–Jungfrau
Skorpion–Waage
Schütze–Skorpion
Steinbock–Schütze
Wassermann–Steinbock
Fische–Wassermann

3:11-Sonnenzeichen-Kombinationen

Widder–Zwillinge
Widder–Wassermann
Stier–Krebs
Stier–Fische
Zwillinge–Löwe
Krebs–Jungfrau
Löwe–Waage
Jungfrau–Skorpion
Waage–Schütze
Skorpion–Steinbock
Schütze–Wassermann
Steinbock–Fische

4:10-Sonnenzeichen-Kombinationen

Widder–Krebs
Widder-Steinbock
Stier–Löwe
Stier–Wassermann
Zwillinge–Jungfrau
Zwillinge–Fische
Krebs–Waage
Löwe–Skorpion
Jungfrau–Schütze
Waage–Steinbock
Skorpion–Wassermann
Schütze–Fische

5:9-Sonnenzeichen-Kombinationen

Widder–Löwe
Widder–Schütze
Stier–Jungfrau
Stier–Steinbock
Zwillinge–Waage
Zwillinge–Wassermann
Krebs–Skorpion
Krebs–Fische
Löwe–Schütze
Jungfrau–Steinbock
Waage–Wassermann
Skorpion–Fische

6:8-Sonnenzeichen-Kombinationen

Widder–Jungfrau
Widder–Skorpion
Stier–Waage
Stier–Schütze
Zwillinge–Skorpion
Zwillinge–Steinbock
Krebs–Schütze
Krebs–Wassermann
Löwe–Steinbock
Löwe–Fische
Jungfrau–Wassermann
Waage–Fische

7:7-Sonnenzeichen-Kombinationen

Widder–Waage
Stier–Skorpion
Zwillinge–Schütze
Krebs–Steinbock
Löwe–Wassermann
Jungfrau–Fische

Wie Sie aus der Darstellung des Schicksalsrades (S. 162) entnehmen werden, leiten sich die Sonnenzeichen-Kombinationen folgendermaßen ab: Indem man jedes Sonnenzeichen als Nummer 1 bezeichnet, ist Widder das 9. Zeichen von Löwe und Löwe das fünfte Zeichen von Widder (immer entgegen dem Uhrzeigersinn). Daher ist Widder-Löwe eine 5:9-Sonnenzeichen-Kombination.

Stier ist 9 Häuser (oder Zeichen) von Jungfrau – und Jungfrau 5 Häuser vom Stier entfernt. Daher ist Stier–Jungfrau auch eine 5:9-Kombination. Ebenso Stier–Steinbock und Jungfrau–Steinbock. Die gleiche Methode wird angewandt, um alle anderen Sonnenzeichen-Kombinationen zu bestimmen.

Das Schicksalsrad

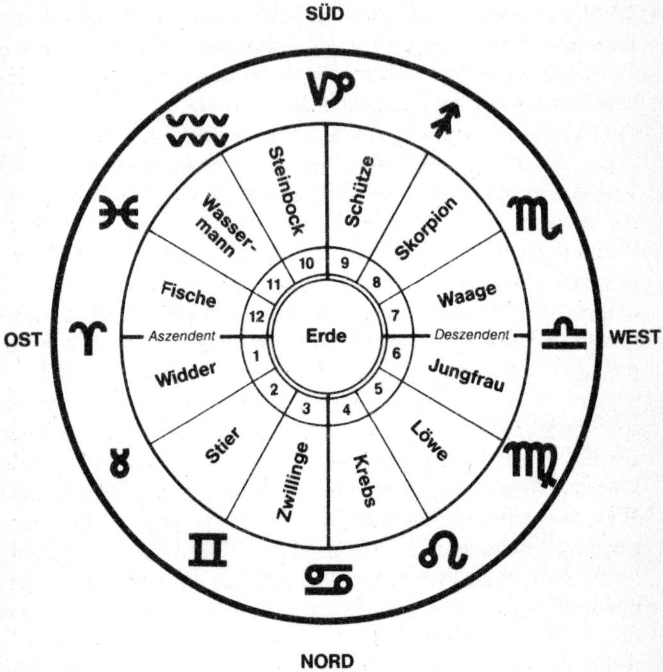

Die Symbole

Widder	♈	Waage	♎	Mars	♂	Pluto	♇
Stier	♉	Skorpion	♏	Venus	♀	Jupiter	♃
Zwillinge	♊	Schütze	♐	Merkur	☿	Saturn	♄
Krebs	♋	Steinbock	♑	Mond	☽	Uranus	♅
Löwe	♌	Wassermann	♒	Sonne	☉	Neptun	♆
Jungfrau	♍	Fische	♓				

Sie werden bemerkt haben, daß die beiden Zahlen aller Sonnenzeichen-Kombinationen zusammengerechnet immer die Zahl 14 ergeben. Alle – außer der 1:1-Sonnenzeichen-Kombination. Dem liegt ein tiefes Geheimnis zugrunde, es stellt einen wichtigen mystischen Symbolismus des männlich-weiblichen Prinzips, ähnlich der Zwillingsseele dar.

Die Zahl 14 symbolisiert die 14 Teile des Osiris, der von seinem Bruder Seth erschlagen wurde, und dessen Körper und Seele gleichermaßen in 14 Teile zertrennt wurden. Es war die Aufgabe der Zwillingsseele von Osiris – Isis –, die 14 Teile ihres Partners zu suchen, durch viele, ermüdende, ewig lange Zeiten hindurch. Die Legende erzählt, daß im Wassermann-Zeitalter die vierzehn Teile des Osiris sich wieder zu *einem* Mann zusammenfügen (»mit allen zerstreuten Teilen, ganz und gar«), und er mit seiner Zwillingsseele – Isis – wiedervereinigt wird.

Alle Sonnenzeichen-Kombinationen ergeben – wie oben schon erwähnt – die mystische Osiris-Isis-Zahl 14, die es jeder einzelnen Kombination erlaubt, nach Einheit zu suchen, jede innerhalb der eigenen Schwingungs-Kombination. Der einzige Weg, wie sich Liebende oder Partner, die von der 1:1-Sonnenzeichen-Kombinations-Schwingung beeinflußt sind, als Zwillingsseelen erkennen können – und ihr Karma befriedigen – ist, daß einer von ihnen spirituell genügend entwickelt ist, um zu der »Höheren Oktave-Zahl« der Eins zu »schwingen« – der 13. Addiert man diese nun zu der Eins der anderen Person, so ergibt diese Kombination die mystische Isis-Osiris-Zahl 14, und dann stehen beide unter dem Schwingungs-Einfluß der Zahl 8. Denn: zweimal 13 ist gleich 26, und diese beiden Ziffern addiert ergeben die Zahl 8. (Die Zahl 8 stellt den doppelten Schlangenkreis des Liebesgeheimnisses dar – zwei Kreise oder zwei Nullen aufeinandergestellt.)

Wenn zwei Personen, die in einer 1:1-Sonnenzeichen-Kombination stehen, spirituell im gleichen Maß entwickelt sind, können sie den »Blitz-Pfad« des Karma erfahren – in Verbindung mit verschiedenen anderen bzw. unter gewissen Umständen – und so gemeinsam schnell die Erleuchtung erlangen, wenngleich dies auch eine seltene mystische Vollendung ist.

Aspekte

Sonnenzeichen, *Mondzeichen* und *Aszendenten* stehen im Trigon (positiv oder harmonisch) zueinander

Widder–Löwe	Zwillinge–Waage	Löwe–Schütze
Widder–Schütze	Zwillinge–Wassermann	Jungfrau–Steinbock
Stier–Jungfrau	Krebs–Skorpion	Waage–Wassermann
Stier–Steinbock	Krebs–Fische	Skorpion–Fische

Sonnenzeichen, *Mondzeichen* und *Aszendenten* stehen im Sextil (positiv oder harmonisch) zueinander

Widder–Zwillinge	Zwillinge–Löwe	Waage–Schütze
Widder–Wassermann	Krebs–Jungfrau	Skorpion–Steinbock
Stier–Krebs	Löwe–Waage	Schütze–Wassermann
Stier–Fische	Jungfrau–Skorpion	Steinbock–Fische

Sonnenzeichen, *Mondzeichen* und *Aszendenten* stehen in Konjunktion (positiv oder harmonisch) zueinander

Widder–Widder	Löwe–Löwe	Schütze–Schütze
Stier–Stier	Jungfrau–Jungfrau	Steinbock–Steinbock
Zwillinge–Zwillinge	Waage–Waage	Wassermann–Wassermann
Krebs–Krebs	Skorpion–Skorpion	Fische–Fische

Sonnenzeichen, *Mondzeichen* und *Aszendenten* stehen im Quadrat (negativ oder unharmonisch) zueinander

Widder–Krebs	Zwillinge–Jungfrau	Jungfrau–Schütze
Widder–Steinbock	Zwillinge–Fische	Waage–Steinbock
Stier–Löwe	Krebs–Waage	Skorpion–Wassermann
Stier–Wassermann	Löwe–Skorpion	Schütze–Fische

Sonnenzeichen, *Mondzeichen* und *Aszendenten* stehen in Opposition (negativ oder unharmonisch) zueinander

Widder–Waage	Krebs–Steinbock
Stier–Skorpion	Löwe–Wassermann
Zwillinge–Schütze	Jungfrau–Fische

Wenn sich Sonne, Mond oder der Aszendent in einem der folgenden Zeichen befinden, so stehen sie im positiven (oder harmonischen) Trigon-Aspekt zueinander. – Hierzu muß aber beachtet werden, daß sich die Genauigkeit der genannten Aspekte nur aus dem individuell errechneten Horoskop ersehen läßt (gemäß der Geburtsstunde).

Sonnenzeichen-Verträglichkeiten

1:1-Sonnenzeichen-Kombination

Ihr Sonnenzeichen (links) bildet mit dem ihm gegenübergestellten Sonnenzeichen (rechts) eine 1:1-Sonnenzeichen-Kombination.

Widder	....	Widder
Stier	....	Stier
Zwillinge	....	Zwillinge
Krebs	....	Krebs
Löwe	....	Löwe
Jungfrau	....	Jungfrau
Waage	....	Waage
Skorpion	....	Skorpion
Schütze	....	Schütze
Steinbock	....	Steinbock
Wassermann	....	Wassermann
Fische	....	Fische

In Freundschafts-, Geschäfts-, Familien- oder Liebesbeziehungen mit Menschen, die unter dem gleichen Sonnenzeichen geboren sind, wird jeder von Ihnen versucht sein, seine Tugenden oder Laster zu übertreiben. Alle positiven Persönlichkeits- und Charakterzüge werden sich in ihrer Intensität verstärken – aber auch die negativen Züge. Sie sollten sich beide bemühen, die »guten« Eigenschaften des Sonnenzeichens, das Sie gemeinsam haben, zu fördern – und die »schlechten« Eigenschaften des Sonnenzeichens abzulegen oder zu tolerieren.

Die Aspekte zwischen den anderen Planeten, den Monden oder Aszendenten beider Horoskope werden die oben gegebene Beschreibung der Beziehung etwas verändern (im negativen wie auch im positiven Sinn), doch werden sie die der 1:1-Sonnenzeichen-Kombination zugrunde liegende Wechselwirkung nicht entscheidend ändern.

2:12-Sonnenzeichen-Kombination

Ihr Sonnenzeichen (links) bildet mit dem ihm gegenübergestellten Sonnenzeichen (rechts) eine 2:12-Sonnenzeichen-Kombination.

Widder	Der Widder muß vom Stier lernen – der Stier toleriert die Unzulänglichkeiten und die unterschiedlichen Auffassungen des Widders	Stier
Stier	Der Stier lernt Lektionen von den Zwillingen – die Zwillinge tolerieren die Unzulänglichkeiten und die unterschiedlichen Auffassungen des Stiers.	Zwillinge
Zwillinge	Die Zwillinge lernen Lektionen vom Krebs – der Krebs toleriert die Unzulänglichkeiten und die unterschiedlichen Auffassungen der Zwillinge.	Krebs
Krebs	Der Krebs lernt Lektionen vom Löwen – der Löwe toleriert die Unzulänglichkeiten und die unterschiedlichen Auffassungen des Krebses.	Löwe
Löwe	Der Löwe lernt Lektionen von der Jungfrau – die Jungfrau toleriert die Unzulänglichkeiten und die unterschiedlichen Auffassungen des Löwen.	Jungfrau
Jungfrau	Die Jungfrau lernt Lektionen von der Waage – die Waage toleriert die Unzulänglichkeiten und die unterschiedlichen Auffassungen der Jungfrau.	Waage
Waage	Die Waage lernt Lektionen vom Skorpion – der Skorpion toleriert die Unzulänglichkeiten und die unterschiedlichen Auffassungen der Waage.	Skorpion
Skorpion	Der Skorpion lernt Lektionen vom Schützen – der Schütze toleriert die Unzulänglichkeiten und die unterschiedlichen Auffassungen des Skorpions.	Schütze
Schütze	Der Schütze lernt Lektionen vom Steinbock – der Steinbock toleriert die Unzulänglichkeiten und die unterschiedlichen Auffassungen des Schützen.	Steinbock

Steinbock	Der Steinbock lernt Lektionen vom Wassermann – der Wassermann toleriert die Unzulänglichkeiten und die unterschiedlichen Auffassungen des Steinbocks.	Wassermann
Wassermann	Der Wassermann lernt Lektionen von den Fischen – die Fische tolerieren die Unzulänglichkeiten und die unterschiedlichen Auffassungen des Wassermanns.	Fische
Fische	Die Fische lernen Lektionen vom Widder – der Widder toleriert die Unzulänglichkeiten und die unterschiedlichen Auffassungen der Fische.	Widder

In Freundschafts-, Geschäfts-, Familien- oder Liebesbeziehungen mit diesen Menschen wird einer von Ihnen fühlen, daß er viel vom anderen lernen muß. Derjenige, der den anderen lehrt, entwickelt ein unerklärliches Mitgefühl für die Schwächen und Fehler des anderen und versteht auf seltsame Weise dessen deutlich unterschiedliche Motive und Verhaltensweisen.

Die Aspekte zwischen den anderen Planeten, den Monden oder Aszendenten beider Horoskope werden die oben gegebene Beschreibung der Beziehung etwas verändern (im negativen wie auch im positiven Sinn), doch werden sie die der 2:12-Sonnenzeichen-Kombination zugrunde liegende Wechselwirkung nicht entscheidend ändern.

3:11-Sonnenzeichen-Kombination

Ihr Sonnenzeichen (links) bildet mit den ihm gegenübergestellten Sonnenzeichen (rechts) eine 3:11-Sonnenzeichen-Kombination.

Widder	....	Zwillinge und Wassermann
Stier	....	Krebs und Fische
Zwillinge	....	Widder und Löwe
Krebs	....	Stier und Jungfrau
Löwe	....	Zwillinge und Waage
Jungfrau	....	Krebs und Skorpion
Waage	....	Löwe und Schütze
Skorpion	....	Jungfrau und Steinbock
Schütze	....	Waage und Wassermann
Steinbock	....	Skorpion und Fische
Wassermann	....	Widder und Schütze
Fische	....	Stier und Steinbock

Sie spüren ein starkes Band der Freundschaft, gleichgültig, ob Sie Freundschafts-, Geschäfts-, Familien- oder Liebesbeziehungen zu diesen Menschen unterhalten. Gegenseitiges Vertrauen und leichte Verständigung herrschen in dieser Beziehung. Sie sind sehr unterschiedliche Charaktere; doch diese Unterschiede haben wenig oder keine Auswirkungen auf Ihre gegenseitige Hochachtung. Es könnte ein Sinn für Verantwortung, vielleicht ein unausweichliches Pflichtgefühl sein, das Sie zusammenführt und das Band zwischen Ihnen stärkt. Mit diesen Personen können Sie sich leicht unterhalten, und Sie werden einander ständig dazu anregen, Gewohnheiten und gegebene Situationen zu ändern.

Sie werden wahrscheinlich eine sehr enge Freundschaft mit diesen Menschen entwickeln und immer freundlich zueinander sein. Streitigkeiten werden schnell aus der Welt geschafft, vergeben und vergessen. Sie werden oft zanken oder sich uneinig sein, vielleicht verärgert über einige gemeinsame Verpflichtungen, die Sie verbinden, doch werden Sie sie nicht vermeiden können. Ja sogar dann, wenn Sie Ihre Verbindung zueinander als abgeschlossenes Kapitel betrachten sollten, wird sie Monate oder Jahre später wieder zum Durchbruch kommen und noch einmal aufgenommen werden.

Die Aspekte zwischen den anderen Planeten, den Monden oder Aszendeten beider Horoskope werden die oben gegebene Beschreibung der Beziehung etwas verändern (im negativen wie auch im positiven Sinn), doch werden sie die der 3:11-Sonnenzeichen-Kombination zugrunde liegende Wechselwirkung nicht entscheidend ändern.

4:10-Sonnenzeichen-Kombinationen

Ihr Sonnenzeichen (links) bildet mit den ihm gegenübergestellten Sonnenzeichen (rechts) eine 4:10-Sonnenzeichen-Kombination.

Widder	....	Krebs und Steinbock
Stier	....	Löwe und Wassermann
Zwillinge	....	Jungfrau und Fische
Krebs	....	Waage und Widder
Löwe	....	Stier und Skorpion
Jungfrau	....	Zwillinge und Schütze
Waage	....	Krebs und Steinbock
Skorpion	....	Löwe und Wassermann
Schütze	....	Jungfrau und Fische
Steinbock	....	Widder und Waage
Wassermann	....	Stier und Skorpion
Fische	....	Zwillinge und Schütze

Nicht immer, aber überraschend oft entladen sich Spannungen und Persönlichkeitskonflikte in Anwesenheit der Menschen, mit denen Sie – in Freundschafts-, Geschäfts-, Familien- oder Liebesbeziehungen – mit dieser Sonnenzeichen-Kombination verbunden sind – entweder mißbilligen Sie diese, oder Sie spüren, daß Sie selbst von ihnen mißbilligt werden. Einer von Ihnen wird möglicherweise wegen der strengen, erzieherischen Versuche des anderen nervös. Aus verschiedenen Gründen wird es bis zu einem gewissen Grad immer geistige und emotionelle Vorbehalte geben.

Stehen andere Planeten zwischen den beiden Horoskopen (besonders die Monde und Aszendenten) unter einem harmonischen (Konjunktion, Sextil oder Trigon) Aspekt, so wird es zwischen Ihnen und diesen Menschen zu tiefer Verehrung, Treue und Respekt kommen. Das wird dann die Ursache dafür sein, daß die unleugbaren ursprünglichen Unterschiede der Motivation und Persönlichkeit weniger frustrierend, weniger verwirrend werden – obwohl diese großen Auffassungsunterschiede und Ziele immer bestehen bleiben.

Stehen die anderen Planeten zwischen den beiden Horoskopen (besonders die Monde und Aszendenten) in Quadratur oder in Opposition (negativ), so ist Ihre Beziehung mit diesen Menschen tatsächlich spannungsgeladen und schwierig. Sie müssen eine Engelsgeduld aufbringen, um diese Beziehung zu meistern – doch der Lohn dafür wird groß sein.

5:9-Sonnenzeichen-Kombination

Ihr Sonnenzeichen (links) bildet mit den ihm gegenübergestellten Sonnenzeichen (rechts) eine 5:9-Sonnenzeichen-Kombination.

Widder	....	Löwe und Schütze
Stier	....	Jungfrau und Steinbock
Zwillinge	....	Waage und Wassermann
Krebs	....	Skorpion und Fische
Löwe	....	Widder und Schütze
Jungfrau	....	Stier und Steinbock
Waage	....	Zwillinge und Wassermann
Skorpion	....	Krebs und Fische
Schütze	....	Widder und Löwe
Steinbock	....	Stier und Jungfrau
Wassermann	....	Zwillinge und Waage
Fische	....	Krebs und Skorpion

Nicht immer, doch überraschend oft, finden Sie in Freundschafts-, Geschäfts-, Familien- oder Liebesbeziehungen Einfühlungsvermögen, geistige Anregung, emotionale Übereinstimmung (oder romantische Erfüllung) bei diesen Menschen.

Es besteht eine starke Sympathie zwischen Ihnen, Mißverständnisse sind gewöhnlich nicht schwerwiegend und werden schnell aus der Welt geschafft. Die Chancen für Harmonie sind ausgezeichnet; eine dauerhafte, glückliche Beziehung wird müheloser als mit jedem anderen Sonnenzeichen erreicht.

Stehen andere Planeten (besonders die Monde und Aszendenten) zwischen diesen Horoskopen in Quadratur oder Opposition (negativ), so kann es zu Zusammenstößen und Spannungen zwischen Ihnen und diesen Menschen kommen – die gemeinsame Basis kann zeitweilig ins Wanken geraten –, die grundsätzliche Übereinstimmung und das gegenseitige Verständnis werden jedoch immer bestehenbleiben.

Stehen andere Planeten zwischen diesen beiden Horoskopen (besonders die Monde und Aszendenten unter einem harmonischen Aspekt (Konjunktion, Sextil oder Trigon), so wird Ihre Beziehung mit diesen Menschen außergewöhnlich glücklich, reibungslos und voller Harmonie sein.

6:8-Sonnenzeichen-Kombination

Ihr Sonnenzeichen (links) bildet mit den ihm gegenübergestellten Sonnenzeichen (rechts) eine 6:8-Sonnenzeichen-Kombination.

Widder	....	Jungfrau und Skorpion
Stier	....	Waage und Schütze
Zwillinge	....	Skorpion und Steinbock
Krebs	....	Schütze und Wassermann
Löwe	....	Steinbock und Fische
Jungfrau	....	Widder und Wassermann
Waage	....	Stier und Fische
Skorpion	....	Widder und Zwillinge
Schütze	....	Stier und Krebs
Steinbock	....	Zwillinge und Löwe
Wassermann	....	Krebs und Jungfrau
Fische	....	Löwe und Waage

Sie werden in Freundschafts-, Geschäfts-, Familien- oder Liebesbeziehungen Kommunikationsschwierigkeiten mit diesen Menschen haben. Doch fühlen Sie sich seltsam gefesselt und mächtig in ihren Bann gezogen. Ist die Verbindung zwischen Ihnen eine Liebesbeziehung, so fühlen Sie eine unwiderstehliche sexuelle Anziehung.

Ist Ihre Beziehung keine Liebes-, sondern eine Freundschafts-, Geschäfts- oder Familienverbindung, so werden Sie sich dieser Person nicht sexuell verbunden fühlen, sondern durch gemeinsame Interessen am Übernatürlichen – Tod, Geburt, Reinkarnation und alle geistigen Angelegenheiten – oder durch Situationen im Zusammenhang mit Geld, das keinem von Ihnen gehört, d. h. dem Geld anderer. Es könnte Zeiten geben, wo diese Person in ihrer Beziehung zu Ihnen ohne Grund verschlossen zu sein scheint.

Irgendwie haben diese Menschen den Wunsch, Ihnen zu helfen; und auch Sie haben das Verlangen, dem anderen zu helfen. Einer von Ihnen oder beide werden dem anderen gern nützlich sein, ohne etwas übelzunehmen, und einer wird den anderen oft vor denen beschützen, die ihm – oder ihr – Schmerzen zufügen wollen. Es kann Zeiten geben, in denen die fortgesetzten Gefälligkeitsbezeugungen auf Ablehnung stoßen, doch gibt es diesbezüglich keine Wahl. In dieser Beziehung findet geleistete Hilfe ihren Lohn immer in der Faszination der Gemeinschaft selbst. Irgendwie wird jede der beiden aus dieser Verbindung großen Nutzen ziehen, und derjenige, der dient, bleibt gewöhnlich treu.

Die Aspekte zwischen den anderen Planeten, den Monden und den Aszendeten beider Horoskope werden die oben gegebene Beschreibung der Beziehung etwas verändern (im negativen wie auch im positiven Sinn), doch werden sie die der 6:8-Sonnenzeichen-Kombination zugrunde liegende Wechselwirkung nicht entscheidend ändern.

7:7-Sonnenzeichen-Kombination

Ihr Sonnenzeichen (links) bildet mit dem ihm gegenübergestellten Sonnenzeichen (rechts) eine 7:7-Sonnenzeichen-Kombination.

Widder	....	Waage
Stier	....	Skorpion
Zwillinge	....	Schütze
Krebs	....	Steinbock
Löwe	....	Wassermann
Jungfrau	....	Fische
Waage	....	Widder
Skorpion	....	Stier
Schütze	....	Zwillinge
Steinbock	....	Krebs
Wassermann	....	Löwe
Fische	....	Jungfrau

In Freundschafts-, Geschäfts-, Familien- oder Liebesbeziehungen zeigt sich der Einfluß dieser Kombination.

Nicht immer, aber oft, fühlen Sie sich körperlich angezogen von den Angehörigen des *anderen Geschlechts*, die unter dem Sonnenzeichen geboren sind, das dem Ihren hier gegenüber aufgeführt ist (und das dem Ihren auch im Schicksalsrad gegenübersteht) – oder Sie bewundern und respektieren sie insgeheim. Diese Menschen besitzen Charakter- und Persönlichkeitszüge, die Ihnen selbst fehlen. Die Anziehung und der Drang zur Nachahmung sind stark.

Möglicherweise fühlen Sie sich unbehaglich gegenüber den Angehörigen des *eigenen Geschlechts*, die unter diesem Sonnenzeichen geboren sind, beneiden sie oder betrachten sie als Konkurrenten.

Die Aspekte zwischen den anderen Planeten, den Monden und den Aszendenten beider Horoskope werden die oben gegebene Beschreibung der Beziehung etwas verändern (im negativen wie auch im positiven Sinn), doch werden sie die der 7:7-Sonnenzeichen-Kombination zugrunde liegende Wechselwirkung nicht entscheidend ändern.

Astrologische Fachausdrücke

Aspekte:	Entfernung zwischen zwei Gestirnen. *Konjunktion*: Zusammenkunft zweier Gestirne. Entfernung 0 Grad. *Sextil-Aspekt*: Abstand von 60 Grad (zweier Gestirne). *Trigonal-Aspekt*: Abstand von 120 Grad. *Quadrataspekt*: Abstand von 90 Grad. *Oppositionsaspekt*: Abstand von 180 Grad.
Aszendent:	Der aufsteigende Grad eines Zeichens am Ostpunkt des Horoskops zur Stunde der Geburt. *Deszendent*: Absteigender Grad.
Aura, Auren:	Ausstrahlung einer Persönlichkeit.
Charisma:	Wunderwirkung.
Dekanat:	Je zehn Grad eines Tierkreiszeichens.
Elementare Einteilung:	Der elementaren Einteilung des Tierkreises liegen die vier Elemente Feuer, Erde, Luft und Wasser zugrunde. Zu jedem Element gehören 3 Tierkreiszeichen, die im Abstand von 120 Grad (→ Aspekte, Trigonal-Aspekt) in Verbindung stehen. *Feuer-Element*: Widder, Löwe, Schütze *Erd-Element*: Stier, Jungfrau Steinbock *Luft-Element*: Zwillinge, Waage, Wassermann *Wasser-Element*: Krebs, Skorpion, Fische.
Esoterisch:	Mystisch,
Häuser:	die zwölf Einfluß-Sphären im Horoskop (auch Felder genannt).
Introversion:	Wirkung ins Seelische, Weg nach innen.
Karma:	Selbstgeschaffenes Schicksal.
Karmische Mission:	Die in diesem Leben gestellte Schicksalsaufgabe
Karmisches Rad:	→»Schicksalsrad«
Konjunktion:	→ Aspekte.
Mond-Zeichen:	Jenes Zeichen, in dem der Mond herrscht: Krebs.
Neptun-Aspekte:	Die Aspekte des Neptun zu anderen Gestirnen. Im negativen Aspekt Enttäuschungen / Täuschung.
Opposition:	→ Aspekte.
Planeteneinflüsse:	*Sonne*: Symbol für Geist, Individualität, Lebenskraft, Mann *Mond*: Symbol für Frau (auch Gattin/Mutter), ferner für Psyche, Unterbewußtsein.

Planeteneinflüsse: *(Fortsetzung)*	*Merkur*:	Verstand, Intellekt, Nervensystem, Vermittlung.
	Mars:	Wille, Energie, Aktivität, Kampf.
	Venus:	Liebe, Kunst, Ästhetik.
	Jupiter:	Harmonie, Gesetz, Religion, Expansion.
	Saturn:	Konzentration, Hemmung, Lebensernst, Arbeit.
	Uranus:	Wandlung, Umwälzung, Veränderung, Intuition.
	Neptun:	Beeinflußbarkeit, Empfänglichkeit, Künste, Täuschung, Illusion.
	Pluto:	Höhere Gewalt, Kollektiv, Zwang.
	Aszendent:	eigene Persönlichkeit, engere Umwelt, Körper

Polarität: Gegensätzliche Eigenschaften innerhalb eines Zeichens.

Promiskuität: Beziehungen mit verschiedenen, häufig wechselnden Partnern (im Sex).

Schicksalsrad: Horoskop mit den 12 Feldern; (auch: »Karmisches Rad«).

Sextil: → Aspekte.

Sonnenzeichen: Jenes Zeichen, in dem die Sonne herrscht: Löwe.

Sternzeichen: die zwölf Zeichen des Zodiaks von Widder bis Fische.

Tierkreis: je zwölf Abschnitte zu 30 Bogengraden, beginnend mit Widder bis Fische.

Trigon: → Aspekte.

Zodiak: Tierkreis (oder Zodiakus) Gürtel von zwölf Sternbildern, durch welche die scheinbare Jahresbahn der Sonne (oder Ekliptik) verläuft.